삶이 불안할 땐
주역 공부를 시작합니다

국내 최고 역학자 강기진의 주역 입문

삶이 불안할 땐
주역 공부를 시작합니다

강기진 지음

위즈덤하우스

부모님께 이 책을 바칩니다.

모든 것이 빠르게 변하는 시대다. 이와 같은 시대는 불안을 야기한다. 사람에겐 정신의 감수성이 있기에 어느 정도 불안이 잠재해 있기 마련인데, 이와 같은 시대를 만났으니 그 정도가 더할 수밖에 없다.

그러다 보니 역학자인 필자에게도 불안에 대해 묻는 분들이 꽤 있다. 불안을 다스릴 필요를 느끼는 것인데, 필자는 이런 분들에게 꼭 주역이 아니더라도 천년쯤 지난 책을 읽어보시길 권해드린다. 부평초처럼 떠도는 책들, 곧 썩어 없어질 것들을 말하는 책은 읽어봐야 도움이 안 되기 때문이다. 대신 천년 세월을 뛰어넘어 지금까지 읽히는 논어, 도덕경, 화엄경, 성경 등 '경전'으로 불리는 책들이 도움이 된다. 시대의 변화를 뛰어넘은 책들이기에 그 안에 담긴 지혜는 시절의 불안 역시 너끈히 뛰어넘는 것이다.

경전 중에서도 특히 주역은 우리의 마음과 행동을 닦는 수양서이며, 그 내용은 변하는 것과 변치 않는 것에 대한 얘기를 담고 있다. 삶에 방향을 잃고 표류할 때 우리 삶이 힘들어지고 불안에도 휩싸이는 것인데, 주역은 변치 않는 하나로 만변을 기꺼이 감당하는 것에 대한 얘기이기에 삶의 중심을 잡아줄 수 있다.

또한 주역에는 우리가 느끼는 불안의 근본 원인과 그에 대한 처방도 제시되어 있다. 이 내용은 책의 2장에 실려 있다. 1장에서 먼저 주역 전반에 대해 살펴본 후, 이를 토대로 2장 이후에 불안의 문제에 대한 주역의 가르침을 본격적으로 살피는 구조를 취하고 있으니 참고하시기 바란다.

• 이 책은 《막힘없는 삶을 위한 주역 공부》(2020)의 개정판입니다.

차례

1장

점의 왕국 이야기

일러두기

▪ 본문에서 《주역》과 《역경》은 겹화살괄호를 모두 생략했다.

▪ 본문에 달린 미주에는 한문 원문이나 자료의 출처, 심화학습을 위한 참고사항 등을 담았다. 그러므로 일반적인 독자라면 미주를 보지 않고 그냥 쭉 읽어나가도 된다.

▪ 저자 주: 역경의 탄생 과정을 고려할 때, 이를 역경이 아니라 주역으로 부르는 것은 은나라의 점인들에게 송구한 일이다. 대를 이은 노고 끝에 역경을 정립해낸 그들을 기리는 뜻에서 주역과 역경을 섞어서 칭했다.

점치는 책이 경전이 된 이유

　주역은 유교의 경전이다. '사서삼경'이라고 할 때 삼경은 《시경詩經》《서경書經》, 역경인데, 역경이 바로 주역의 다른 이름이다. 역경은 유교의 여러 경전 중에서도 최고 경전으로 대우받는다. 때문에 공자는 주역에서 진리를 구하고자 가죽끈이 세 번이나 끊어지도록 주역을 읽고 또 읽었던 것이다.

　여기에서 더 나아가 주역은 여러모로 신비한 책이기도 하다. 예를 들어 유럽의 라이프니츠는 자기 스스로 고안했다고 자부했던 이진법 체계가 그보다 수천 년 전에 쓰인 주역에 이미 들어 있다는 사실을 발견하고 충격을 받았다. 20세기의 노벨 물리학상 수상자 닐스 보어 Niels Bohr 역시 자신이 제기한 상보성의 원리가 주역에 이미 들어 있다는 사실을 발견하고 놀라움을 금할 수 없었다.

　게다가 주역에는 오늘날에 이르기까지도 그 정확한 의미를 이해할 수 없는 구절이 많이 들어 있다. 이는 분명 이상한 일이다. 예를 들어 불교의 경전인 불경이나 기독교의 경전인 성경에는 오늘날의 우리가 그 의미를 이해하지 못하는 구절이 없다. 같은 유교 경전인 《시경》이나 《서경》에도 그 의미를 이해하지 못하는 구절이 없다. 이는 경전의 속성상 당연한 일이라고 할 수 있다. 경전은 널리 읽힐 것을 목적으로 하기 때문이다.

　그러므로 주역이 유교의 경전인데도 오늘날의 후손들이 그 의미를 이해하지 못하는 구절이 많이 들어 있다는 것은 납득하기 어려운 현상이어서 이에 대해 관련 학자들도 신기하게 여기는 것이다. 게다가 그 구절들은 알 듯 말 듯 묘하게 신비한 분위기를 풍기기까지 한다.

　때문에 이를 근거로 호사가들은 주역이 지금은 사라지고 없는 초고대 문명이 남긴 유산이라고 주장하거나 심지어 지구인이 쓴 책이 아니라 외계인이 전해준 책이라 주장하기까지 하는 실정이다.

　반면 주역이 신비함을 풍기는 구절들을 담고 있다는 사실은, 주역을 미신을 담고 있는 책으로 치부하는 근거가 되기도 한다. 주역이 점을 치기 위한 책이라는 사실은 역사 기록에도 분명히 남아 있기 때문에 미신을 담고 있는 책이라는 생각을 더욱 부추기기도 한다. 하지만 그럼에도 불구하고 주역이 '유교의 최고 경전' 대우를 받는다는 사실에는 변함이 없다. 해석 가능한 80퍼센트 정도의 구절들만으로도 최고 경전으로 대우받기에 손색이 없기 때문이다.

그러므로 주역을 둘러싼 진정한 수수께끼는 바로 이 점에 있지 않을까 한다. 어떻게 점치는 책이 유교의 최고 경전 대우를 받을 수 있을까? 경전인데도 어째서 오늘날의 후손들이 그 의미를 이해하지 못하는 것일까? 어떻게 이런 일들이 가능한 것일까?

이러한 의문은 주역의 탄생 배경을 이해하면 모두 납득 가능한 일이다. 또한 이를 이해하면 주역이라는 것이 과연 어떤 책인지 그 핵심을 이해할 수 있을 것이다. 그러므로 주역의 탄생 배경을 이해하기 위해 고대에 존재했던 점의 왕국 이야기를 살펴보기로 하자.

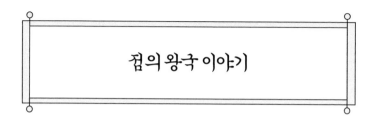

점의 왕국 은나라

　지금으로부터 약 3600년 전 은(기원전 1600년경~기원전 1046년경)이라는 점의 왕국이 있었다. 은나라 왕의 권위와 권력은 그가 치는 점의 정확성에서 나왔다. 은나라는 중원을 석권했으며 그 지배력은 양쯔강 이남에까지 미쳤는데, 그 힘이 모두 점에서 나왔다. 은나라는 국가의 대소사를 모두 하늘의 뜻을 물어 결정했다. 군사를 일으켜 이웃 부족을 정벌할지 말지, 새로운 읍락을 조성할지 말지, 특정 장소에 학교를 세울지 말지 등을 점을 쳐서 결정했고, 올해 풍년이 들지, 비는 언제 내릴지 등을 점을 쳐서 물었다.

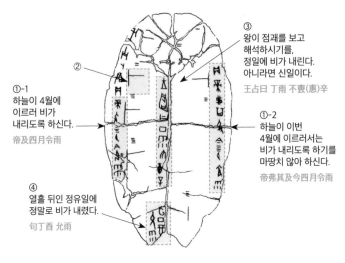

③
왕이 점괘를 보고
해석하시기를,
정일에 비가 내린다.
아니라면 신일이다.

王占日 丁雨 不恵(惠)辛

①-1
하늘이 4월에
이르러 비가
내리도록 하신다.

帝及四月令雨

①-2
하늘이 이번
4월에 이르러서는
비가 내리도록 하기를
마땅치 않아 하신다.

帝弗其及今四月令雨

④
열흘 뒤인 정유일에
정말로 비가 내렸다.

句丁酉 允雨

〈그림 1〉 비에 대한 거북점 기록[1]

이러한 사정은 동서양이 어느 정도 비슷했다고 할 수 있다. 아테네를 비롯한 고대 그리스의 도시국가들도 이웃 국가와 전쟁을 할지 말지를 델포이의 신탁으로 결정했다. 그러므로 고대의 국가 경영에서 점이 중요한 역할을 했던 것은 어느 정도 비슷했다고 할 수 있지만, 은나라의 경우는 점을 훨씬 체계적으로 관리했다는 사실이 다르다.

은나라에는 이 모든 점을 주관하는 점인占人 집단이 있었고, 왕은 이들의 우두머리였다. 〈그림 1〉은 하늘이 비를 언제 내릴지를 거북점으로 물었던 갑골문 기록이다.

거북점을 치려면 먼저 하늘에 묻고자 하는 내용을 〈그림 1〉

의 ①-1, ①-2와 같이 귀갑에 새긴다. 이때 은나라에서는 언제 혹은 어떤 일이 일어나는 동적인 상황을 ①-1과 같이 한편에 새기고, 그 일이 일어나지 않는 정적인 상황을 ①-2와 같이 반대편에 새겼다. 음양의 관념이 바로 여기에서 비롯하는 것이다.

그러고 나서 귀갑을 불에 달군 막대로 지지면 그림의 ②와 같이 귀갑이 터지면서 갈라진 금들이 생기는데, 은나라에서는 이 금을 하늘의 계시로 여겼다. 이 신성한 금은 '복卜'이라고 불렸다. 오늘날 '점치다'는 뜻으로 쓰이는 복 자는 이처럼 귀갑이 갈라지면서 생기는 금의 모양을 형상화한 글자다. 은나라 왕은 갈라진 복의 모양을 보고 하늘의 뜻을 해석했다. 점占은 점 복卜 자와 입 구口 자가 합쳐진 글자로, 이처럼 갈라진 금을 보고 그 뜻을 말로 풀이하는 것이다. 〈그림 1〉의 ③에서 왕은 "정丁일에 비가 내린다. 아니라면 신辛일이다"라고 해석했다. 그러고 나서 열흘 뒤인 정유丁酉일에 실제로 비가 내렸기에 다시 그 결과를 ④에 기록했다.

은나라는 국가의 대소사를 모두 점을 쳐서 결정했기에 왕은 하늘의 계시를 해석하는 권한을 가짐으로써 국가를 지배할 수 있었다. 또 은나라에 복속된 여러 읍국邑國(고대 도시국가)들은 자국의 점인을 모두 은나라의 수도로 보내야 했다. 은나라 왕은 이들 점인 집단의 우두머리가 됨으로써 여러 읍국에서 친 점에 대한 유권해석을 내렸고 이를 통해 지도력을 발휘했다.

'점령占領'이라는 단어는 이러한 은나라의 제도에서 기원한 말이다. 점령을 글자 그대로 풀이하면 '점으로 영도한다'는 뜻인데, 은나라의 제도를 생각하면 이 같은 단어가 어째서 '어떤 지역을 정복한다'는 의미를 갖게 되는지 이해할 수 있다. 즉 은나라 왕은 정복한 나라들을 점으로 영도했으며, 왕의 권위와 지도력은 점에 대한 해석이 들어맞아야 유지될 수 있었다.

그렇다면 왕이 이끄는 점인 집단이 가만히 앉아서 점만 치지는 않았을 것이다. 일찍이 마르크스는 이집트의 제사장들이 천문 관측을 통해 나일강의 범람 주기를 정확히 예측할 수 있었기 때문에 최고 권력자가 됐을 것이라고 언급한 바 있다. 이와 유사하게 은나라의 점인들 역시 천문을 관측하고 강의 범람 주기를 계산하며 이웃 부족에 대한 온갖 정보를 수집했을 것이다. 주역에는 '밀운불우 자아서교密雲不雨 自我西郊'라는 표현이 중요한 상징으로 등장한다. 빽빽한 구름이 아직 비를 내리지 않은 채 서쪽 교외에서 다가오고 있다는 뜻이다. 이는 당시 점인 집단이 〈그림 1〉과 같은 비에 대한 점을 맞히기 위해 구름을 공들여 관찰했던 정황을 반영하는 표현일 것이다.

오늘날의 사정은 어떨까? 정치, 경제, 사회 어느 분야든 리더라면 누구나 자신에게 선견지명이 있음을 입증하려 무진 애를 쓴다. 그들은 리더의 권위와 권력이 미래를 예측하는 능력에서 나온다는 사실을 본능적으로 안다. 이를 모른다면 그의 권력은 오래가지 못할 것이다. 오늘날 '싱크 탱크'라고 불리는 여러 연구 집단이 하는 일은 리더가 미래를 잘 예측할 수 있도록 보좌하는 것이라고 할 수 있다. 그렇게 보면 고대의 점인 집단은 당시의 싱크 탱크였던 셈이다.

결국 인간 사회의 본질은 그리 달라지지 않았다고 생각한다. 예나 지금이나 권력은 '예측'의 정확성에서 나온다. 그러므로 현대의 각 분야에서 활약하는 점인들(정치가, 관료, 경제학자, 기업가 등)은 자신들이 내놓는 점의 예측력을 높이기 위해 심혈을 기울인다. 그와 꼭 마찬가지로 과거의 점인들도 자신들이 내놓는 점의 예측력을 높이기 위해 애썼고, 그 같은 노력의 일환으로 점친 결과를 체계적으로 관리했다. 점친 기록을 그냥 버리는 것이 아니라 〈그림 1〉과 같이 점에 물었던 일의 내역, 나타났던 계시, 그에 대한 왕의 해석을 함께 기록해서 보관했다. 이후 실제 결과가 나타나면 그 결과를 추가로 기록해서 보관했다. 그리고 한 해가 끝나면 결과가 나온 점에 대해 적중 여부를 집계했다. 틀린 것은 모두 버렸지만 들어맞은 점은 나중에 비슷한 점을 칠 때 참고하기 위해 계속 보관했다. 이 과정을 매년 되풀이했고 그렇게 쌓인 결과를 비슷한 내용끼리 분류해서 함께 매어두었다. 이 과정에서 점인들은 최초의 책을 탄생시켰다.

〈그림 2〉는 책冊 자의 모양이 어떤 변천을 거쳐왔는지를 보

갑골문   금문   소전   해서

〈그림 2〉 책 자의 자형 변천

여준다. 이를 죽간을 말아놓은 모습으로 해석하는 경우도 있으나, 갑골이 죽간보다 시기가 앞서기 때문에 책₩은 죽간이 아니라 갑골을 함께 매어둔 모습을 형상화한 글자로 보인다.

또한 점인들은 '역사'를 탄생시켰다. 국가의 대소사에 대해 모두 점을 쳤고 그 결과, 예를 들어 이웃 부족에 대한 군사 정벌의 성공 여부 등을 기록했으니 점친 기록은 그대로 은나라 역사의 기록이기도 했다. 동양에서 일찍부터 역사 기록이 발달한 이유는 이 때문이라고 할 수 있다. 점친 결과를 기록하고 보관했던 점인의 역할은 그대로 역사 기록을 담당하는 사관의 역할에 해당한다. 즉 초기에 점인과 사관은 같은 사람이었으며, 차후에 점인에서 사관의 기능이 분화해 나간 것이다.

점인들, 64가지 길을 발견하다

점인들은 한 해가 끝나면 점친 결과를 집계해서 틀린 것은 버리고 들어맞은 것은 나중에 다시 참고하기 위해 분류해서 보관했다. 그 노력은 10년, 100년이 아니라 수천 년 동안 대를 이어가며 계속되었다. 그 결과 은나라의 점인들은 주역의 전신인 《귀장역歸藏易》이라는 텍스트를 탄생시켰다. 이후 주나라가 이를 계승하여 주역周易을 성립시킴으로써 오늘날까지 그 텍스트가 전해진 것이다.

비슷한 내용끼리 분류하는 작업을 수없이 반복하면서 점인들은 그것이 총 64가지 범주로 수렴된다는 사실을 발견했다. 이를 '64괘'라고 부르는데, 주역에서는 우리가 인생길을 걸어갈 때 마주칠 수 있는 여러 가지 길로 제시된다.

길의 종류가 64가지라는 것은 사람이 세상을 사는 동안 맞닥뜨리는 일이 이 64가지뿐이라는 이야기이니 그 목록(부록 1 참조)을 살펴보는 것 자체가 흥미롭다. 예를 들어 주역 안에 있는 소송의 길(송訟·6)을 통해 예나 지금이나 소송은 인간 세상의 주요 사건임을 알 수 있다. 한 가족이 되는 길(가인家人·37)이 있는가 하면 갈라서는 길(규睽·38)이 있고, 손실을 보는 길(손損·41)이 있는가 하면 이익을 보는 길(익益·42)도 있다. 개혁의 길(혁革·49)과 전통을 회복하는 길(정鼎·50), 권력을 획득하는 길(췌萃·45, 승升·46) 또한 빠질 수 없다. 이처럼 점인들은 사람이 이 세상을 살아가는 동안 맞닥뜨릴 수 있는 모든 일을 64가지 범주로 나누어 주역에 담아 두었다.

또한 점인들은 각 범주에 속하는 여러 점들을 체계적으로 관리하는 과정을 통해, 어떤 범주든지 거기에 속한 점들은 모두 6단계로 나뉜다는 사실도 발견했다. 이는 64가지 길 모두가 각각 6단계의 변화를 거친다는 말이다. 일찍이 헤겔은 정반합의 3단계를 제시한 바 있고, 기승전결의 4단계 역시 우리에게 익숙하다. 반면 역경은 인간 세상의 변화는 어떤 것이든 6단계를 거친다고 제시한 셈이니 이 역시 그 자체로 흥미롭다.

결국 오늘날 우리 손에 들려 있는 역경 텍스트는 총 64가지 길로 나뉘고, 각각의 길은 6단계(이를 '6효'라고 부른다)의 변화를 거치며 진행된다. 이를 인생살이라는 측면에서 보면, 사람이 인생길을 걸어갈 때 마주치는 길에는 64가지 종류가 있고, 각각의 길에는 여섯 굽이가 있다는 말이다. '굽이굽이 굴곡진 인생'이라는 말을 쓰는데, 사람이 인생길에서 마주칠 수 있는 굴곡은 64가지 길에 여섯 굽이, 총 384굽이인 셈이다.

한 가족이 되는 길인 가인家人괘(37)를 예로 들어 살펴보자. 가인은 글자 그대로 가족이다. 하지만 혈연으로 맺어진 가족만 가리키는 것은 아니다. 전통 시대의 가家에는 가신家臣이 있었다. 즉 전통 시대의 가는 가주家主를 중심으로 맺어진 혈연을 넘어선 조직체였다. 그러므로 가인의 길이 제시하는 통찰은 오늘날로 치면 조직을 구성하는 원리에 해당한다.

가인은 조직 중에서도 매우 긴밀한 관계를 맺은 조직, 즉 한

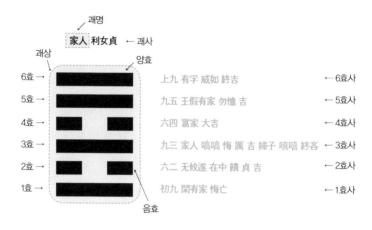

<그림 3> 한 가족이 되는 길: 가인괘(37)

가족을 이룬 조직을 가리킨다. 한 가족을 이룬 조직이란 죽어도 같이 죽고 살아도 같이 사는 운명 공동체를 말한다. "우리는 한배를 탄 몸이다"라고 말할 때 한배를 탄 사람들이 바로 운명 공동체다. 혈연으로 맺어지지 않은 어떤 조직이 한 가족을 이루기는 쉽지 않다. 가인괘는 그러려면 어떻게 해야 하는지 그 원리를 설명한다.

〈그림 3〉에서 보는 바와 같이 주역의 괘 하나는 여섯 개의 효爻로 구성되어 있는데, 각각의 효는 음효거나 양효다. 각 효에는 그에 해당하는 효사爻辭가 달려 있어서 여섯 단계로 이루어진 변화의 흐름을 제시한다. 아래부터 1효, 2효, 3효 순으로 시간의 흐름을 나타내며, 효가 바뀔 때마다 변화가 새로운 단

계로 진입한다. 괘명卦名 옆에는 괘사卦辭가 달려 있어서 여섯 개 효사의 내용을 종합해서 변화의 전체적인 양상을 설명한다. 결국 하나의 괘에는 일곱 개의 문장이 달린 셈이다.[2] 이 일곱 문장을 총칭할 때에는 괘사와 효사를 합쳐 괘효사卦爻辭라고 부른다.

그림과 같이 하나의 괘에는 괘효사와 괘상이 같이 제시되며, 이것이 역경의 특색을 이룬다. 《시경》《서경》《논어》등의 유교 경전은 글로만 이루어졌는데 역경은 글 외에 괘상이 덧붙어 있다. 이 괘상이 존재하는 이유에 대해 〈계사상전〉은 다음과 같이 설명한다.

글은 말을 다하지 못하고 말은 뜻을 다하지 못한다. 그러한즉 성인의 뜻 그조차 나타낼 수 없음에랴! 이에 성인이 상象을 세움으로써 뜻을 다하신 것이다.[3]

《주역》〈계사상전〉12장

말로 설명할 수 있는 내용을 글로 전달하려면 그 내용을 다 표현하지 못해서 답답한 경우가 많다. 그런데 생각해보면 말이라는 표현 수단 역시 한계가 많다. 말로 내 마음을 있는 그대로 다 전달할 수 있는가 생각해보면 어림도 없다. 그 때문에 글 외에 별도로 상象을 세웠다고 한다. 글(언어)만으로는 그 표현

수단의 한계 때문에 성인이 전달하고자 하는 뜻을 다 담아낼 수 없기에 상을 별도로 세웠다는 것이다. 이처럼 역경에는 글 외에 괘상이 또 있어서 글로 다하지 못하는 뜻을 확충한다는 점이 특색인데, 괘상이 어떤 방식으로 기능하는지는 앞으로 이 책에서 소개하는 여러 괘의 사례들을 통해 확인할 수 있다.

〈그림 3〉에서 가인괘의 괘효사를 볼 때 두드러지는 특징은 문장이 매우 짧다는 점이다. 한문이 표의문자임을 고려하더라도 사람이 한 가족(조직)을 만드는 과정에서 벌어지는 모든 변화를 고작 60자로 서술한 것이니 너무 짧다고 할 수 있다. 일곱 문장에 60자이므로 한 문장당 열 자에 못 미친다. 이는 다른 괘의 경우도 매한가지여서 64괘 전체로도 450문장에 4천 몇백 자에 지나지 않는다고 한다. 사람이 인생살이에서 겪을 수 있는 모든 변화를 담는 데 4천 몇백 자라고 하면 역시 너무 짧다.

사정이 이렇게 된 이유는 역경의 괘효사가 극단적인 추상 작업의 결과물이기 때문이다. 예를 들어 가인의 길에 담긴 내용은 점인들이 미래를 예측하고자 수천 년간 집요하게 노력한 결과물이다. 점인들은 가(家)의 탄생 과정을 숱하게 반복해서 관찰했다. 다음번에 유사한 점을 칠 때 참고하여 점괘를 맞추려는 일관된 목적하에 수천 년간 치열하게 관찰한 것이다.

그 결과 맞는 점은 다음에 참고하기 위해 계속 보관했지만,

틀린 점은 계속 삭제했다. 일시적으로는 들어맞더라도 이후에 틀린 사례가 나타나면 또 삭제했다. 점을 쳤는데 특정 구절이 실현되지 않았다면 그 구절을 삭제했고, 특정 글자가 실현되지 않으면 그 글자를 삭제했다.

이처럼 삭제 과정을 수천 년간 반복한 결과 남은 것이 〈그림 3〉의 괘효사다. 그러니 괘효사가 그처럼 짧아질 수밖에 없는 것이다.

이상의 경과를 보면 역경은 점치는 과정에서 저절로 모습을 드러냈다는 중요한 사실을 알 수 있다. 그러니까 역경은 사람이 쓴 책이 아니다. 수천 년간 대를 이어가며 역경을 관리했던 점인들은 오늘날과 같은 형태로 문장이 완성될 것으로 생각지도 못했다.

한글을 쓰는 우리 한국인은 어떻게 저절로 문장이 완성될 수 있을까 의아할 수 있다. 한글에는 토씨와 어미가 있기 때문에 그렇게 될 수 없다. 하지만 역경은 갑골문을 통해 정립된 것이다. 〈그림 1〉에서 보는 바와 같이 갑골문은 기본적으로 그림이다. 갑골문으로 이루어진 문장은 일종의 그림카드를 연속으로 나열한 것과 같다. 그러므로 갑골문은 어떻게 모아도 문장이 된다. 기본 속성이 그림이기 때문에 문장 중의 특정 구절이나 글자를 삭제해도 남은 글자들만으로도 문장이 되는 것이다.

이처럼 역경은 점을 치는 과정에서 거듭된 검증을 통해 하늘이 그 뜻을 드러낸 부분만 남겨졌다. 결국 역경은 하늘이 쓴 책으로 볼 수 있다. 이런 측면에서 역경은 《베다》와 비교가 된다. 힌두교에서는 자신들의 경전인 《베다》가 하늘의 계시라고 주장하지만, 그 주장을 들어보면 신으로부터 직접 듣고서 썼다는 것이니 어쨌든 사람이 쓴 것이다. 이 점에서 역경이야말로 진정한 하늘의 계시라고 할 수 있다.

또 하나 중요한 사실은, 역경에 담긴 말씀은 수천 년간 점을 치는 동안 한 번도 틀리지 않은 말씀들이라는 것이다. 우선 수천 년 동안 수십, 수백만 번 점치면서 한 번도 틀리지 않은 말씀들이 있다는 게 놀랍다. 그렇다면 이 말씀들은 무엇인가?

그것은 하늘이 계시한 세상 만물의 존재 법칙이다. 세상 만물의 존재 법칙이기 때문에 세상 만물에 관한 점을 칠 때 한 번도 틀리지 않고 계속 들어맞은 것이다. 이처럼 역경에는 세상 만물의 존재 법칙이 담겨 있다. 역경易經은 역易에 대한 경전이라는 뜻인데, 여기서 '역易'이 바로 세상 만물의 존재 법칙을 뜻한다.

이러한 세상 만물의 존재 법칙에는 우리 인간 세상이 어떻게 존재해야 하는지를 말하는 인간 세상의 존재 법칙이 담겨 있다. 동시에 나는 어떻게 살아야 하는지를 알려주는 하늘이 계시한 나의 존재 법칙이 담겨 있다. 그래서 공자가 그렇게 열심히 역경을 탐독한 것이다. 역경에는 인간 세상의 존재 법칙이 담겨 있고, '나'의 존재 법칙들이 담겨 있기 때문이다. 이러한 나의 존재 법칙을 따를 때 우리가 삶에서 느끼는 걱정과 불안을 극복할 수 있음은 당연하다.

〈그림 3〉가인괘의 괘효사로 돌아가보면, 그 내용은 수천 년간 온갖 종류의 가家가 탄생하는 과정에서 한 차례의 예외도 없이 매번 들어맞았던 법칙이다. 그러므로 가를 이루고자 하는 사람이면 반드시 따라야 하는 가의 길(도道)이며, 가의 존재 법칙인 것이다. 역경은 64가지 범주 각각에 대해 이 같은 법칙을 담고 있다. 64가지 범주마다 각각 일정한 길이 있고, 마땅한 존재 법칙이 있는 것이다.

지금까지 살펴본 바와 같이 역경의 기본 성격은 점치는 책이 맞다. 하지만 그 과정에서 거듭된 검증을 통해 하늘이 그 뜻을 드러낸 세상 만물의 존재 법칙이 담겨 있다. 그 때문에 유교의 최고 경전 대우를 받기에 이른 것이다.

'역경易經'이라는 명칭을 영어로 번역할 때는 'Book of Changes'라고 쓴다. '변화에 대한 책', '변화의 법칙이 담긴 책' 정도의 의미가 되겠다. 易(역)을 자전에서 찾아보면 '바꿀 역'으로 나오는데, 바꾼다는 것이 변화를 의미하는 데 따른 번역이다.

'Book of Changes'라는 영어 제목 역시 역경의 성격을 잘 보여준다. 즉 역경은 변화에 대한 책이자 변화의 법칙이 담긴 책이다. 이는 존재가 굳어 있는 게 아니라 끊임없이 변화·발전하는 측면을 반영한 명명이다. 세상 만물은 끊임없이 변화·발전하고 있다. 아이가 변하지 않으면 어른이 될 수 없고, 남녀가 변하지 않으면 부부를 이룰 수 없다. 이러한 변화가 불안을 야기하는 것이기도 하지만, 어쨌든 세상 만물은 발전을 이루기 위해 끊임없이 변화하지 않을 수 없다. 그러므로 역경에 담긴 만물의 존재 법칙은 그대로 변화의 법칙에 해당하는 것이다.

하지만 존재가 끊임없이 변화·발전하는 이유는 변치 않는 하나를 이루고자 함이지, 변화만을 위한 변화인 것은 아니다. 결국 최종적으로 역易의 성격은 변화와 불변을 함께 아우르는 세상 만물의 존재 법칙인 것이다.

가인괘가 말하는 가족의 법칙

가인의 길

가인의 길 괘효사는 매우 짧지만 수천 년 동안 온갖 종류의 가가 탄생하고 안착하는 과정을 예측할 때 항상 들어맞았던 내용이다. 그러므로 그 내용은 오늘날 가족 혹은 가족 같은 조직이 만들어지는 과정에 대입해도 역시 들어맞을 것이다. 과연 그러한 예측이 맞을까? 직접 효사의 내용을 보고 판단해보자.

〈표 1〉은 가인괘의 1~4효사를 해석해서 정리한 것이다. 역경은 그 문장이 워낙 압축적이고 추상적이어서 한글 해석조차 그 의미가 모호할 수 있다. 그 뜻을 좀 더 풀어보면, 우선 가인의 길 1효사는 가족을 이루기 위한 1단계로서 어떻게 하면 가

1효사	처음에 양이 오니, 빗장을 채워 가를 두는 상이다. 회悔가 사라지리라. 初九 閑有家 悔亡
2효사	음이 두 번째에 오니, 떠나갈 수가 없어서 안에서 밥을 먹는 상이다. 정貞하면 길하리라. 六二 无攸遂 在中饋 貞吉
3효사	양이 세 번째에 오니, 가인이 큰 소리로 울부짖으며 후회하니 위태롭지만 길하리라. 부자는 희희거리지만 종국에는 인색하리라. 九三 家人 嗃嗃 悔厲吉 婦子 嘻嘻 終吝
4효사	음이 네 번째에 오니, 가를 부유하게 하는 상이다. 대길하리라. 六四 富家 大吉

〈표 1〉 한 가족이 되는 길

족 같은 조직을 만들 수 있는지를 말한다. "빗장을 채워 가를 둔다"는 말은, 가족을 이루기로 한 사람들을 집 안에 가두고 밖에서 빗장을 채워 빠져나가지 못하게 함으로써 가족을 이룰 수 있다는 말이다. 한 가족을 이루기로 합의했다면 그 구성원들은 누구도 빠져나가지 못하게 빗장을 채우는 조건에 동의하고 그 조치를 결행해야 한다는 뜻이다. 이렇게 함으로써 한배를 탄 것과 같은 운명 공동체를 이루는 것이다.

1단계에서 그렇게 하면 2단계에서는 가족이 싫어지더라도 떠나갈 수가 없으니 안에서 같이 밥을 먹을 수밖에 없다. 그러므로 2단계는 한 식구食口가 되는 단계다. 이후 3단계에서는 절체절명의 위기가 닥친다. 그런데 밖에서 잠긴 빗장 때문에 위기를 피해 빠져나갈 수가 없다. 큰 위기가 닥쳤다고 발을 뺄 수 없는 것이다. 이 때문에 가인들은 큰 소리로 울부짖으며 처음에 빗장을 지르는 조건에 동의했던 것을 뼈저리게 후회한다.

이런 가인들과 대조를 이루는 그룹이 부자婦子다. 부자는 언뜻 한 가족처럼 보이지만 진짜 가족은 아니다. 이들은 같은 조직에 속해 있지만 빗장을 거는 조건을 받아들이지 않은 사람들이다. 운명 공동체가 될지 선택하는 순간에 이를 받아들이지 않은 것이다. 이들은 2단계, 즉 식구가 되는 단계까지는 같이했으므로 언뜻 한 가족처럼 보였지만 3단계에서 위기가 닥치면 진실이 분명해진다. 조직에 위기가 닥치면 부자들은 발을 뺀다. 그들은 방관자가 되어 가인들이 울부짖으며 후회하는 모습을 보면서 희희낙락한다. 이때 이들은 처음에 빗장을 거는 조건을 받아들이지 않은 자신이 현명했다고 생각하며, 그 같은 조건을 받아들여 가인의 길을 가기로 선택한 이들을 비웃는다. 하지만 역경은 가인들이 위태로워 보이지만 결국 길할 것이며, 지금 당장은 희희낙락하는 부자가 종국에는 인색한 결과를 맞게 될 것이라 말한다.

가인들은 당장은 울부짖으며 후회하지만 어쩔 도리가 없다. 아무리 후회한들 그들이 이제 죽어도 같이 죽고 살아도 같이 사는 운명 공동체가 됐다는 객관적인 현실이 바뀌지는 않기 때문이다. 이처럼 '한배를 탄 몸'이라는 상황은 오월동주吳越同舟의 고사를 생각나게 한다. 원수지간인 오나라 사람과 월나라 사람이 어쩌다 한배를 타게 됐다. 한배를 탄 이상 배가 뒤집힐 위기에 처하면 힘을 합쳐 노를 저어야 한다. 안전한 육지에 닿을 때까지는 운명 공동체다. 가인들도 마찬가지다. 울부짖으며 후회할지언정 힘을 합쳐 필사적으로 배를 저어 간다. 그 덕분에 결국 위기를 극복하고 목적지인 항구에 도착하는 것이다.

결국 가인들은 3단계의 위기를 극복하고 4단계에 이른다. 주목할 점은 역경이 3효사에서야 처음으로 가인이라는 표현을 쓴다는 사실이다. 이는 앞서 2단계, 식구의 단계까지는 아직 한 가족이 되지 않았다는 말이다. 그러다가 3단계에서 절체절명의 위기를 거치며 자신들이 운명 공동체라는 사실을 뼈저리게 절감한다. 이처럼 위기를 거치며 자신들이 글자 그대로 운명 공동체라는 사실을 절절하게 실감한 뒤에야 비로소 한 가족이 된다는 것이다. 4단계의 가인들은 이러한 과정을 거친 사람들이다. 그러므로 그들은 이제 합심하여 가를 부유하게 한다.

다시 〈그림 3〉으로 돌아가 괘상을 보면 4효가 음효임을 알 수 있다. 간략히 설명하면 음 기운은 응축하여 내부가 단단해지는 과정을 상징한다. 가인의 길에서라면 음 기운은 구성원들이 가족이 되었다는 사실을 깨달음으로써 가족의 결속력이 응축하여 더욱 옹골차지는 과정을 의미한다. 앞선 2효도 음효였으니 가인의 길 2단계 역시 공동체의 결속력이 강화되는 과정이라고 볼 수 있다. 4단계가 음효라는 사실을 풀이에 반영하면, 가족의 결속력이 응축하여 강화됨에 따라 가인들이 합심하여 가를 부유하게 한다는 뜻이 된다. 이 같은 방식으로 괘상은 글로 다 표현할 수 없는 내용을 상징함으로써 효사의 의미를 확충한다.[4]

역경은 가인의 길 4단계에 "대길할 것"이라는 평가를 남겼다. 역경이 "길할 것[吉]"이라고 말하는 경우는 100차례가 넘지만, '대길[大吉]'을 말하는 것은 64괘 384효를 통틀어 다섯 차례뿐이다. 3단계의 위기를 거치는 과정에서 진정한 가족이 탄생하면 이후 4단계에 이르렀을 때 그 결과가 대길하다는 말이다. 그러므로 3단계에서 발을 뺀 부자들은 가인들에 비해 인색한 결과를 맞게 된다. 당장은 위기에서 빠져나갔기 때문에 몸이 편하지만, 위기를 피하고 방관하는 것만으로는 무엇을 이룰 수 없다. 4단계와 같은 대길한 성취는 이룰 수 없는 것이다.

이상으로 역경이 가인의 괘효사에 남긴 한 가족이 되는 길에 대해 간단히 풀어보았다. 그 내용은 오늘날 가족 같은 조직이 만들어지는 과정에 대입해보아도 틀림이 없다. 만약 역경이 한 가족이 되는 길에 대해 어떤 구체적인 서술을 남겼다면, 그 내용을 오늘날의 사정에 대입할 경우 맞지 않을 것이며, 그에 따라 진작 그 수명을 다했을 것이다. 반면 역경은 압축적이고 추상적인 문장을 통해 모든 가족(조직)에 두루 적용할 수 있는 일반적인 패턴만을 남겼다. 덕분에 그 내용을 오늘날에 대입하더라도 오차 없이 들어맞는다. 단 그 서술은 문장이 매우 압축적이고 추상적이어서 단번에 이해하기 어려운 면이 있다. 그 대신 시대와 장소를 초월하여 가족(조직)을 만드는 경우이기만 하면 가인의 길 괘효사에 담긴 통찰과 조언은 모두 들어맞는다. 21세기인 오늘날에도 역경을 공들여 읽는 이유가 바로 여기에 있다.

역경이 남긴 조언의 핵심은 가족을 이루기가 결코 쉽지 않으며, 그러려면 가인과 부자를 구별할 줄 알아야 한다는 것이다. 한 가족이 되자고 하면서 자신이 가진 모든 것을 걸지 않는 사람은 거짓말을 하는 사람이고, 위기가 닥쳤을 때 빠져나갈 방도를 강구하는 사람은 진실한 가족이 아니라 부자다. 그런 사람을 진실한 가족이라고 믿으면 곤란하다. 평상시라면 그런대로 넘어가겠지만 결정적인 위기가 닥쳤을 때 배신당하는 것이다.

가인의 길 1효사로 다시 돌아가보면 한 가족을 이루는 비결은 단 하나, 빗장을 채우는 것이다. 물론 점인들이 가인의 길에 대해 점친 자료를 축적해가던 초기에는 빗장을 채우는 것 외에 다른 패턴들도 있었을 것이다. 하지만 다른 방식들은 일시적으로는 통했을지언정 수천 년간 이어진 점인들의 검증을 계속 통과하지는 못한 것이다. 그 결과 한 가족을 이루는 비결은 단 하나가 남았다. 물론 그것은 빗장을 채워 빠져나가지 못하도록 가두는 것이다.

한 가족을 이루는 비결이 빗장을 채워 빠져나가지 못하도록 가두는 것이라니 너무 노골적이며 불편한 느낌을 주기도 한다. 이처럼 노골적이며 불편한 진실도 있는 그대로 덤덤하게 기술하는 것이 역경의 특징 중 하나인데, 이에 대해 〈계사상전〉은 다음과 같이 말한다. "천하의 지극히 깊숙한 도리를 말하고 있으니 추하게 여길 수 없고, 천하의 지극한 움직임을 말하고 있으니 어지럽힐 수 없다."[5]

앞서 역경은 인간에 의해 창작된 것이 아닌, 하늘의 뜻이 저절로 드러난 책이라고 했다. 〈계사상전〉의 풀이처럼, 불편하게 느껴지는 내용조차 천하의 지극히 깊숙한 도리를 말한 것이니 사람의 단견으로 이를 추하게 여길 수 없는 것이다.

가족의 길은 인간의 길이니 그 길에는 여지 없이 불안의 그림자가 드리운다. 1단계에서 빗장을 채워 가둬버렸으니 불안과 후회가 생기지 않을 도리가 없다. 3단계에 이르면 큰 소리로 울부짖는 지경에 이른다. 하지만 그러한 과정을 거쳐 4단계에 이르면 대길한 결과를 맞이하고 있다. 가족의 길에서 하늘의 뜻은 이 점에 있는 것이다. 부자들처럼 위기에서 빠져나가고 방관하는 것만으로는 아무것도 이룰 수 없기에 그와 같은 가족의 길을 의도하는 것이다.

궁극의 상, 음과 양

〈그림 4〉의 왼쪽은 한 가족이 되는 가인의 길 여섯 단계를 음과 양의 상으로 표현한 괘상이다. 이를 보면 가인의 길은 양 → 음 → 양 → 음 → 양 → 양의 여섯 단계로 진행된다. 앞서 〈그림 1〉의 ①-1, ①-2의 사례와 같이 은나라에서는 언제나 어떤 일이 일어나는 동적인 상황(양)과 그 일이 일어나지 않는 정적인 상황(음)을 서로 반대편에 나란히 실어 점을 쳤다. 이에 대한 하늘의 계시는 양 또는 음 어느 편에 힘이 실리는가 하는 것이다. 그런 이유로 은나라에서는 자연스레 변화의 각 국면을 음 또는 양으로 파악하는 관념이 발전한 것이며, 그에 따

37번 가인家人
(한 가족이 되는 길)

38번 규睽
(갈라서는 길)

〈그림 4〉 한 가족이 되는 길과 갈라서는 길

라 〈그림 4〉와 같이 각 괘의 여섯 단계를 각기 음양의 상으로 표현하기에 이른 것이다.

이처럼 64괘를 모두 음과 양의 상으로 표현한 결과 각 괘를 비교할 수 있게 되었다. 〈그림 4〉에서 한 가족이 되는 길을 제시한 가인괘와 갈라서는 길을 제시한 규괘의 상을 대비하면 한 가지 재미있는 사실을 발견할 수 있다. 가인의 괘상을 위아래로 뒤집으면 규의 괘상이 된다. 한 가족이 되는 길 여섯 단계의 순서를 거꾸로 하면 정반대인 갈라서는 길이 된다는 뜻이다. 사람의 일에서 순서라는 것이 그만큼 중요하다.

〈그림 5〉는 손실을 보는 길과 이익을 보는 길을 나란히 대비하고 있다. 역시 손실을 보는 길 여섯 단계의 순서를 위아래로 뒤집으면 정반대인 이익을 보는 길이 된다. 그런데 이처럼 위아래를 뒤집어도 전체 괘상에서 큰 차이가 나지 않고 있다. 각기 양효와 음효가 세 개씩이고, 중간에 음효 세 개가 연속으로 놓인 점도 같다. 이익을 보는 길은 1단계의 양이 2단계에서

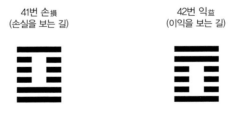

〈그림 5〉 손실을 보는 길과 이익을 보는 길

바로 음으로 전환됨에 비해, 손실을 보는 길은 1·2단계가 양이어서 양이 한 단계 더 지속된 후 음으로 전환된다는 점 정도가 다르다.

이는 이익과 손해가 정반대의 길이라는 사실을 생각하면 주목할 만하다. 극과 극이라고 생각하기 쉬운 길이 사실은 비슷하게 흘러가는 길일 수 있는 것이다. 달리 보자면 큰 차이도 결국은 종이 한 장 차이라는 말로 생각할 수도 있다. 손과 익의 다른 점은 역시 일 처리의 순서일 뿐이니, 사람의 일에서 순서가 그만큼 중요하다는 사실을 거듭 확인할 수 있다. 또한 손과 익의 괘상이 비슷하다는 것은, 이익을 보려고 한 행동이 사실은 손해의 길로 접어드는 것일 수 있음을 의미한다. 실제 현실에서도 이익을 보고자 하는 행동이 조금만 길게 보면 도리어 손해를 초래하는 경우를 많이 목격할 수 있지 않은가?

괘상에서 양효의 기본 속성은 '팽창'이다. 그러므로 괘상만으로 익의 길을 해석해보면, 1단계에서 한 번 팽창한 뒤 2단계에서는 응축으로 돌아서고 세 번의 응축을 거치면서 내부를 단단하게 다진 후 다시 팽창하는 것이 이익을 거두는 길이다. 만약 2단계에서 한 번 더 팽창하려고 하면 어떻게 될까? 그렇게 하면 익의 길에서 벗어나 손실을 보는 길로 접어들게 된다. 〈그림 5〉의 괘상이 제시하는 대답이 이것이다.

주역의 성립

지금까지 살펴본 바와 같이 역경은 점인들이 수천 년간 대를 이어가며 일관된 노력을 기울인 끝에, 점을 치는 과정에서 드러난 하늘의 뜻을 정립해낸 책이라고 할 수 있다. 앞선 〈그림 1〉 거북점의 사례를 보면 왕이 점괘에 대한 최종 풀이를 담당하고 있다. 하지만 역경을 정립해가는 과정에서 주도적인 역할을 한 것은 왕이 아니라 그 보좌역인 점인들로 보인다. 역경에 쓰인 다음 구절이 그와 같은 생각을 방증한다.

> 내가 동몽童蒙을 구할 것이 아니라 동몽이 나를 구하도록 해야 한다. 처음 점친 것은 알려주지만 두 번, 세 번은 모독이다. 모독인즉 알려주지 말라.[6]

위 구절은 역경의 4번째 괘인 몽蒙의 괘사 중 일부로 점인이 무지몽매한 왕을 어떻게 상대해야 하는지에 대한 조언이라고 할 수 있다. 그 조언의 내용은 다음의 세 가지로 나눌 수 있다.

우선 괘사는 동몽童蒙, 즉 어린아이의 어리석음에 대해 말한다. 《동몽선습童蒙先習》의 동몽이 바로 이 괘사에서 따온 말이다. 조선 시대에 저술된 《동몽선습》은 세계 최초의 어린이용 교과서로, 서당에서 《천자문》을 뗀 후 《동몽선습》을 학습했던 것이다.

　그렇다면 어린아이의 어리석음은 어른의 어리석음과 어떻게 다를까? 어린아이는 순수하기 때문에 남의 조언을 그대로 받아들이는 반면 어른은 선입견이나 고집 때문에 올바른 조언도 순수하게 받아들이지 못한다. 그러므로 몽의 괘사가 동몽을 말하는 것은, 왕이 몽매하더라도 그나마 자신의 무지를 깨닫고 남의 조언에 귀 기울이려는 자세가 갖추어진 상태라야 비로소 상대할 수 있다는 말이다. 그 같은 자세가 갖추어지기 전에는 일절 상대하지 말아야 한다.

　다음으로 왕이 동몽의 상태라 할지라도 그 왕을 상대할 때 내가 먼저 찾아가 돕겠노라 해서는 안 되고 왕이 나를 찾게 해야 한다고 조언한다. 왕에게 뭔가 아쉬운 것이 있어서 먼저 나를 찾을 때까지 기다리라는 말이다. 만약 내가 먼저 다가가면 내 쪽에 아쉬운 것이 있어서 찾아왔다고 여길 것이므로 왕이 나를 먼저 찾을 때까지 인내심을 갖고 기다려야 한다. 그때 조언해야 비로소 동몽의 왕이 나의 조언을 가치 있게 들을 것이다.

　셋째로 처음 점친 것은 알려주지만 두 번, 세 번은 모독이니 알려주지 말라는 조언이다. 점인은 점치는 일로 왕을 보좌하는 참모였음을 떠올리면 이 대목이 의미하는 바를 이해할 수 있다. 리더가 조언자에게 어떤 자문을 구했고 이에 대해 조언자가 성의 있는 조언을 했다면, 리더는 이를 존중하는 성의를 보여야 한다. 그런 성의도 보이지 않으면서 두 번, 세 번 다시 자문을 구하는 것은 조언자에 대한 모독이니 그에 응하지 말라는 뜻이다.

점인들이 이 조언을 남긴 후 수천 년의 세월이 지났지만 오늘날에도 몽의 괘사와 같은 상황은 자주 발생한다. 만약 이때 정중히 거절하지 않고 그대로 응하면 그때부터 그 조언자는 쉬운 사람이 되고 만다. 그때부터 동몽의 리더는 그 조언자를 함부로 대하게 될 것이다. 유사한 상황을 지켜본 경험이 있다면 역경의 이 구절에 깊이 공감할 것이다.

이상에서 살펴본 몽의 괘사는 점인들이 다음 세대의 점인들을 위해 남긴 충고라고 할 수 있다. 그리고 역경에 그와 같은 구절이 존재한다는 것은 역경 텍스트의 형성 과정에 왕보다는 그 보좌역인 점인들이 보다 주도적인 역할을 했음을 보여주는 증거라고 할 수 있다.

조선 시대 왕과 신하의 관계를 살펴보면, 왕이 주도적으로 신하들을 이끌었던 경우는 그리 많지 않다. 조선의 국왕은 능력으로 선발하는 것이 아니라 혈연으로 세습되는 것이므로 무능한 왕이 등극할 가능성을 배제할 수 없다. 유능한 왕이 등극한 경우에도 숱한 국정 현안을 국왕 일인이 모두 주도하기는 어렵다. 결국 국정의 상당 부분을 신하들이 주도하고 국왕은 이를 재가하는 형태가 된다.

은나라에서도 사정은 비슷했을 것이다. 왕이 점인들의 수장이므로 공식적인 점괘 풀이는 왕의 이름으로 남겼다. 하지만 그 과정에서 왕은 점인들의 보좌를 받았는데, 세월이 흐름에 따라 결국 실질적인 주도권은 점인들에게 넘어갔을 것이라고 생각한다. 점인들은 그 와중에 몽매한 왕이 출현하는 경우 어떻게 대처하면 좋을지를 위와 같은 괘사로 남긴 것이다.

　현전하는 갑골문 기록을 보면 은나라에서 왕과 점인 집단은 일종의 운명 공동체였음을 알 수 있다. 왕이 교체될 때 점인들도 함께 교체되었기 때문이다. 조선에서는 반정反正이라 하여 국왕을 폐위시킨 신하들이 지위를 유지했던 사례가 있지만, 은나라에서는 그 같은 일이 불가능했다. 그러므로 은나라에서는 몽매한 왕이 출현해도 왕의 통치가 강력하고 오래갈수록 점인 집단에게도 이익이어서 점인들은 최선을 다해 왕을 보좌했을 것이다. 왕과 갈등을 빚을지언정 권력에 대해서는 운명 공동체였던 것이다. 이런 측면에서 왕과 점인 집단은 앞서의 가인에 해당한다.

　이처럼 권력의 운명 공동체를 이루었던 은나라 왕과 점인 집단이 점의 예측력을 높이고자 노력하는 과정에서 정립한 텍스트가 바로 《귀장역》이었고, 이후 주나라가 이를 계승하여 주역을 성립시켰던 것이다.

　왕의 권위와 권력이 점의 예측력에서 나오던 시기에《귀장

《귀장역》과 주역의 계승 관계

일찍이 송대宋代의 이과李過나 청말淸末의 상병화尙秉和 등은 주역이 《귀장역》의 괘효사를 채용해서 만들어진 것이라고 주장한 바 있는데,[7] 이러한 주장은 주나라가 독자적으로 거북점을 쳐서 주역 텍스트를 정립해간 과정을 보여주는 갑골문 유물이 출토되지 않는다는 사실[8]로도 뒷받침되기에 설득력이 있다.

괘효사의 내용 중에도 이 같은 정황을 뒷받침하는 사례들이 있다. 기제旣濟(63)의 3효와 미제未濟(64)의 4효에는 은나라 고종高宗의 귀방 정벌 고사가 등장하는데, 이는 주역 전체를 통틀어 왕이 달성한 가장 위대한 업적을 상징한다. 이는 주나라 무왕이 은나라를 정벌하고 나서 선포한 것이 주역이라는 사실을 고려하면 이채로운 것이다. 또 주역에는 제을帝乙, 기자箕子, 고종 등 세 명의 은나라 사람이 등장하는데 이들은 모두 중요한 역할을 상징하고 있다. 그에 비해 주나라 사람은 강후康侯 한 명만 등장한다. 이러한 사실들 역시 주역이 《귀장역》의 괘효사를 채용해서 만들어졌다는 정황을 보여주는 것이라고 할 수 있다.

역》과 주역은 왕의 권력의 원천이었다. 그러므로 은나라에서든 주나라에서든 이는 왕실만을 위한 극비 문서였을 것이다.

주역의 내용으로 볼 때도 환渙(59)의 길은 왕이 천하를 평정하는 방법에 대해 말한다. 이 같은 내용이 왕실 밖으로 흘러 나가는 것은 곤란할 것이다. 그러므로 주 왕실에서 극비 문서로 엄중히 관리하던 주역이 춘추시대 혼란기를 맞이하여 주 왕실이 쇠약해지면서 외부로 흘러 나간 것으로 보인다.

이 같은 추정은 주역이 유교 경전임에도 후손들이 그 내용을 온전히 이해하지 못하는 이유를 설명한다. 은이나 주 왕실이 그 내용을 애써 감추었고, 혼란기에 왕실의 의사에 반해서 외부로 유출되었기 때문에 그 내용 풀이가 온전히 전해지지 못한 것이다.

춘추시대 말기 주역을 접한 공자는 몹시도 주역을 좋아해서 집에 있을 때는 항상 자리에 두고 보았고 외출할 때는 자루에 넣어 다니면서 읽었다. 그리하여 책을 묶은 가죽끈이 세 번 끊어지도록 주역을 읽고 또 읽었다는 위편삼절韋編三絶의 고사를 남겼다. 또한 주역의 내용 이해를 돕는 '역전易傳' 10편을 펴내기도 했다.[9]

전傳이란 경經의 이해를 돕기 위해 풀어 해설한 글을 가리킨다. 주역에서는 64괘의 괘효사가 경에 해당하는데, 공자는 이 경문經文의 이해를 돕기 위해 〈표 2〉와 같이 7종 10편[10]의 전을 펴냈다. 이를 '역전'이라 하는데, '역경에 날개를 달아주었다'는 의미에서 십익十翼이라 부르기도 한다. 한대漢代 이후로는

역경易經	상경(30괘)
	하경(34괘)
역전易傳 (10편)	〈단전彖傳〉 상·하 2편
	〈상전象傳〉 상·하 2편
	〈문언전文言傳〉
	〈계사전繫辭傳〉 상·하 2편
	〈서괘전序卦傳〉
	〈설괘전說卦傳〉
	〈잡괘전雜卦傳〉

〈표 2〉 주역의 구성

'주역'이라는 제목 아래 이들 '역전'도 포함해서 한 권의 책으로 같이 묶어냈다. 그러므로 주역 책은 〈표 2〉와 같이 경과 전으로 구성되어 있다.

거인의 어깨 위에 올라서서

공자가 '역전'을 펴낸 후로도 전통 시대의 많은 유학자가 여전히 수수께끼로 남은 역경 원문의 의미를 풀어내기 위해 노력했다. 그럼에도 역경에는 아직까지 그 의미를 제대로 이해하기 어려운 문장이 20퍼센트 정도는 된다. 그 이유는 우선 역경 원문이 상형문자이자 표의문자인 한자로 쓰여 있기 때문이다. 한자는 표의문자의 특성 때문에 한 글자가 한 문장을 이룰 만큼 풍부한 의미를 담고 있다. 이 같은 특성은 한문을 해석하기 어렵게 만든다. 여기에 더하여 역경의 문장은 그 독특한 탄생 배경 때문에 극도로 압축적이고 추상적인 형태를 띠어서 더욱 해석하기가 어렵다.

결국 오늘날의 우리는 역경이 전하는 메시지의 일부를 잃어버렸다. 선학들의 노력에도 불구하고 어떤 경우는 역경의 원문을 적절하게 해석하지 못하고 있으며, 어떤 경우는 축어적인 해석만 가능할 뿐 그 문장이 전하고자 하는 의미를 이해하지 못하고 있다. 일례로 곤䷁괘(47) 같은 경우는 대학자인 주희조차 이해할 수 없어서 해명이 불가능한 괘라고 토로한 바 있다.[11]

그런데 20세기 들어 이 같은 상황에 새로운 돌파구가 열렸다. 갑골문이 출토된 것이다. 은나라 점인들이 거북점을 치면서 남긴 문자 기록인 갑골문은 19세기의 마지막 해인 1899년에야 발견되었기 때문에, 전통 시대 학자들은 갑골문을 알지 못한 채 역경을 해석했다. 갑골문이 발견된 이후에도 동아시아가 서구 열강과 제국주의 일본의 침략에 시달리고, 중국이 공산화와 문화대혁명의 혼란을 거치는 등의 사정으로 갑골문 연구는 느리게 진척될 수밖에 없었다. 그 결과 오늘날에 이르러서야 비로소 갑골문 연구의 성과를 다른 분야에 활용할 수 있게 되었다.

이러한 연구 성과를 역경 해석에 적용할 경우 풍성한 결실을 거둘 수 있다. 특히 갑골문에 대한 지식을 바탕으로 한자의 어원을 분석하는 작업이 필수적이다. 서양 학계에서는 단어의 개념을 명확히 하기 위해 그리스어·라틴어 어원을 분석하는 작업이 필수로 자리 잡았다. 그에 따라 우리나라 학자들도 서양에서 기원한 학문을 연구할 때는 그리스어·라틴어 어원 분석을 곧잘 활용한다. 그에 비해 동양학 연구에는 한자의 어원 분석이 아직까지 제대로 활용되지 못하고 있다. 간혹 한자를 파자破字하여 그 의미를 캐고자 했던 경우가 있으나 갑골문을 통해 새로이 알게 된 어원적 의미에 비추어 보면 잘못된 경우가 많다.

앞서 언급한 바와 같이 한자는 상형문자이자 표의문자이기 때문에 그 어원을 분석할 경우 개념을 보다 명확하게 할 여지가 표음문자에 비해 훨씬 크다. 그러므로 갑골문을 통해 얻은 지식을 활용하여 한자의 어원을 분석하면 역경을 비롯한 동양학 연구에서 큰 성과를 얻을 수 있을 것이다. 필자는 이 같은 연구방법론을 역경 해석에 적용하여 그 결과물을 단행본《주역독해》(전 2권)[12]로 펴내기도 했다.

역경 해석을 보완하기 위해 다음으로 필요한 일은, 갑골문 연구나 기타 연구를 통해 새로이 밝혀진 은·주 시대의 역사 지식과 인류학 지식을 역경 해석에 적용하는 일이다. 예를 들어 앞서 필자가 제시했던, 은나라 왕이 점인 집단의 수장으로서 지도력을 발휘했다는 사실은 갑골문 연구를 통해서 비로소 밝혀진 것인데 아직까지 역경 해석에 참조되지 못했다.

뉴턴은 "내가 더 멀리 본 것이 있다면 이는 거인의 어깨 위에 올라서 있었기 때문"이라는 문장을 유명하게 만들었다. 뉴턴의 조언처럼 역경 연구도 거인의 어깨 위에 올라서서 볼 필요가 있다. 인류가 쌓아온 지식은 누적적인 것이어서, 선학들이 인접 학문 분야에서 쌓아올린 지식 체계 위에 올라설 때라야 더 멀리 볼 수 있기 때문이다. 그동안 풀리지 않았던 역경의 수수께끼를 풀 관련 지식이 인접 학문 분야에서 많이 축적되었다. 이들 학문 분야의 지식을 통섭적으로 활용하려는 시도는 그동안 막혔던 역경 해석에 새로운 돌파구를 열어줄 것이다.

역경 연구 관련한 필자의 또 다른 소망은 집단 학습collective learning을 통해 역경 풀이에 도전하는 것이다. 역경은 인간 세상에서 벌어지는 모든 변화를 다루기 때문에 그 의미를 읽어내려면 인간 세상 각 방면의 경험과 지식이 필요하다. 역경의 괘효사가 추상적이긴 하지만 그 상황을 직접 겪어본 사람이라면 해당 구절의 의미를 직관적으로 파악할 수 있는 경우가 많다.

예를 들어 역경 강의를 하다 보면 특정 괘효사에 대한 설명을 듣고서 즉시 자신의 경험에 비추어 의미를 보충해주시는 분들이 있다. 그러므로 필자는 깊은 산에 들어가 수십 년간 역경을 공부해서 그 이치를 터득했다는 식의 말을 믿지 않는다. 오히려 인간 세상에서 사람들과 부대끼며 많은 변화를 경험하는 편이 역경의 이치를 이해하는 데 도움이 된다.

하지만 모든 사람이 혼자서 그러한 경험을 할 수는 없다. 과거의 점인들은 수천 년에 걸쳐서 종적인 노력을 누적함으로써 역경을 정립할 수 있었다. 오늘날의 우리가 그러긴 어렵지만 그 대신 인터넷 덕분에 횡적인 노력의 범위를 거의 무한으로까지 확장할 수 있게 되었다. 이를 활용하여 횡적인 노력을 누적함으로써 집단 지성의 통찰에 도달해보면 어떨까. 인터넷을 통해 횡적으로 수천 수만 수십만 명의 경험을 누적시킬 수 있다면 역경의 이치를 밝히는 데 큰 도움이 될 것이다.

진리를 도道라 말하는 이유

파도타기의 매력

파도타기에 매료된 사람은 안정된 직장을 그만두고 파도를 좇아 사는 삶을 택하기도 한다. 사회의 평균적 기준으로 보면 미쳤다고 할 만하다. 어째서 파도타기가 그토록 매력적일까? 무한한 자유의 희열을 느낄 수 있기 때문이라는 어느 서퍼의 인터뷰를 보고 필자는 무릎을 쳤다. 무한한 자유의 희열이라면 한 사람을 미치게 하기에 충분할 것이다.

그 인터뷰가 필자의 흥미를 끈 이유는 동양학의 가르침에 대한 적절한 비유였기 때문이다. 서핑보드 하나에 의지하여 파도를 타는 사람은 사실 극도로 부자유한 상황에 놓여 있다.

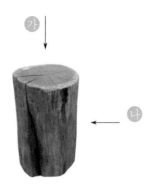

<그림 6> 통나무 가르기

매우 불안한 상황이라고 할 수도 있다. 하지만 그는 파도의 결을 읽을 수 있기에 부자유한 상황을 극복하고 능숙하게 파도의 결을 탄다. 이처럼 결을 탈 줄 알면 자유를 누릴 수 있다. 능숙한 서퍼는 집채만 한 파도에 압도되지 않으며 도리어 파도에 장난을 걸기도 한다. 그는 파도와 혼연일체가 되어 함께 즐긴다. 그 모습은 그가 놓인 부자유한 상황과 대비되어 무한한 자유의 느낌을 뿜어낸다. 그는 희열을 느끼며 그 모습은 타인에게도 경탄을 자아내기에 종종 텔레비전 광고에도 등장한다.

능숙한 서퍼의 모습은 동양학의 가르침에 더없이 적절한 비유다. 동양에서는 항상 결[理]을 밝히고자 했기 때문이다. 理(리)를 자전에서 찾아보면 '다스리다, 사리, 도리, 이치, 결' 등 다양한 뜻이 나온다. 그 어원은 옥의 결[玉+里]이다. 이치가 결이라는 것은 무슨 뜻일까?

〈그림 6〉의 통나무를 보자. 도끼를 들고 통나무를 둘로 나눠야 한다면 어느 방향으로 칠 것인가? ㉠ 방향을 택한다면 정답이다. 이 방향으로는 툭 치기만 해도 나무가 두 쪽으로 갈라질 것이다. 우리가 이 방향을 택하는 이유는 나무의 결이 어느 방향으로 나 있는지 알기 때문이다. 이 방향을 택하는 사람은 이치를 아는 사람이며 이성적理性的인 사람이다. 이성이란 결의 성질을 아는 것이기 때문이다. 만약 ㉡ 방향을 택하는 사람이 있다면 그는 이치를 모르는 사람이며 비이성적인 사람이다.

재목을 다듬을 때도 마찬가지이다. 나뭇결 방향으로 대패질하면 큰 힘을 들이지 않고도 매끄럽게 다듬을 수 있다. 그 재목은 지붕을 떠받치는 대들보가 될 것이다. 그러나 나뭇결을 거슬러서 대패질을 한다면 아무리 노력해도 매끄럽게 되지 않는다. 오히려 재목을 망쳐 대들보의 잠재력을 지닌 재목이 건축에 쓰이지 못하고 버려지고 말 것이다. 그 잘못은 재목에 있지 않고 대패질을 한 사람에게 있다.

동양에서는 나무만이 아니라 모든 사물에 결이 있다고 본다. 목수는 나뭇결을 찾아 그 나무를 다스리고 옥을 다루는 사람은 옥의 결을 찾아 옥기를 만든다. 이 때문에 결을 뜻하는 理(리)가 다스린다는 뜻도 가지는 것이다. 마찬가지로 천지 만물에는 모두 결이 있다. 그러므로 동양에서는 이치를 밝히는 것은 결이 어느 방향으로 나 있는지를 밝히는 것과 같다고 생각했다. 그래서 사물의 결을 알고자 노력했던 것이다. 동양인이 '그럴 리가 없다'라고 말할 때, 그는 사물의 결이 그렇게 나 있지 않다고 말하는 것이다.

동양에서는 사람을 대하는 문제 역시 마찬가지라고 생각했다. 역린逆鱗의 고사는, 비늘을 결대로 쓰다듬으면 능히 용도 부릴 수 있지만, 비늘의 결을 거스를 경우에는 용에게 물려 죽고 말 것이라고 경고한다. 《장자莊子》에는 포정해우庖丁解牛 이야기도 실려 있다. 소 잡는 백정으로서 도의 경지에 이른 포정이 칼을 들고 소를 잡을 때, 소의 몸에 난 본래의 결을 따라 힘줄과 뼈의 틈 사이로 칼을 집어넣고 가르니 전혀 힘이 들지 않아서 몇 년이 지나도 칼날이 무뎌지지 않더라는 얘기다. 현대인들도 포정에게 배울 필요가 있다.

누구나 자녀를 야단쳐야 할 때가 있다. 자녀의 결이 어느 쪽으로 나 있는지 알고 야단을 친다면 자녀는 고분고분 말을 들을 것이고, 제 잘못을 뉘우쳐 대들보로 자랄 것이다. 그러나 결과 반대 방향으로 야단을 치면 자녀는 역린을 건드린 용처럼 맹렬히 반발하여 부모 자식 사이가 틀어지고 말 것이다. 이로 인해 자녀의 인생 자체가 어그러질지도 모른다.

직장에서 상사나 동료, 부하 직원을 대할 때도 마찬가지다. 사람과의 관계에서도 결을 따라 힘을 쓴다면, 그들은 반발하지 않을 것이며 내게 기꺼이 도움을 줄 것이다. 이처럼 동양에서 이치를 결로 봤다는 것은 오늘날에도 유용한 관점을 제공한다.

더 나아가 일이나 사업, 공부에도 결이 있다. 피카소는 예술에도 결이 있다고 했다. 그러므로 어떤 일을 할 때 성실히 노력해도 성과가 나지 않는다면 자신이 혹시 결을 거스르고 있지는 않은지 생각해볼 필요가 있다. 결대로 치면 단숨에 쩍 갈라질 재목인데 엉뚱한 방향으로 힘을 쓰고 있는 것은 아닐까? 어쨌든 노력 부족이라고만 생각지는 말 일이다.

역경이라는 책에 대해서는 여러 가지로 말할 수 있지만, 기본은 역경이 인간 세상의 결이 어떻게 나 있는지를 가르쳐준다는 것이다. 사람에게 결이 있기 때문에 사람이 모인 인간 세상에서 벌어지는 모든 일에도 결이 있다. 역경은 그 결을 가르쳐줌으로써 역경을 읽은 이가 세상의 결을 타고 나아갈 수 있도록 돕는다.

정신의학자이자 분석심리학의 개척자인 카를 융은 역경에 심취했던 것으로도 유명한데, 그 역시 이 같은 결을 읽었다. 그는 인간이 경험하는 모든 일에는 법칙이 정한 진행 과정이 있으며, 이스라엘 선지자들이 보여준 예지력은 이를 통해 설명할 수 있다고 했다.[13] 융의 이 같은 언급은 역경에 담긴 통찰이 어떤 성격의 것인지를 잘 보여준다. 역경에 담긴 64가지 길 각각에는 법칙이 결정지은 진행 과정이 있다. 이처럼 이미 결정된 진행 과정이 바로 해당 변화가 타고 나가는 결이다.

서퍼는 파도의 결을 읽을 줄 알기에 집채만 한 파도에 휩쓸리지 않고, 도리어 파도를 즐길 수 있다. 결을 탈 줄 알기에 자유를 누리는 것이다. 결을 아는 이성적인 사람도 이처럼 세상의 결을 타고 나아갈 수 있으며, 그에 따라 큰 변화가 닥쳐도 그에 휩쓸리지 않고 자유를 누릴 수 있다.

인생이라는 여행길

고대의 점인들은 점의 예측력을 높이기 위해 자료를 축적하는 과정에서 인간 세상에서 벌어지는 일은 어떤 것이든 64가지 범주를 벗어나지 않는다는 결론에 이르렀다. 그 64가지 범주를 역경에 담아두었으니 역경에는 사람이 인생사에서 겪을 수 있는 온갖 일들, 세상만사가 다 들어 있는 셈이다. 그렇다면 역경은 이를 어떻게 배열했을까?

역경은 군자君子라는 주인공이 인생이라는 여행에서 온갖 일들을 겪으며 성장을 이뤄가는 성장 스토리의 구조로 64괘를 배열한다. 군자란 성인聖人은 못 되지만 성인을 본받는 삶을 살고자 노력하는 사람을 가리킨다. 직접 성인의 경지에 오를 수는 없지만, 최소한 성인의 가르침을 따라 살겠노라 다짐하고 노력하는 사람이 군자다. 이 군자가 역경이 상정한 세상의 주인공이니 결국 우리 모두가 그 길을 걷는 주인공이라 할 수 있다.

군자의 여행길을 담은 책이라는 점에서 역경은 선재동자의 여행을 담은 《화엄경》이나, '크리스천'의 여행을 담은 《천로역정》을 생각나게 한다. 《화엄경》에서 선재동자는 선지식을 만나 보살도에 대한 가르침을 받고자 여행길에 오른다. 그 과정에서 총 53인의 선지식을 만나고 그때마다 깨달음을 더한 끝에 보살도에 대한 깨우침을 얻는다. 《천로역정》에서 '크리스천'은 멸망의 도시를 떠나 하늘의 도시에 이르기 위해 여행길에 나선다. 그 과정에서 마주치는 난관을 하나씩 극복할 때마다 하느님의 진리에 대한 깨달음을 더하고 결국 하늘의 도시에 이르게 된다. 이처럼 서로 다른 시기에 쓰인 3대 종교의 관련 서적이 모두 여행이라는 은유를 채택했다는 사실이 흥미롭다. 이는 우리 인생길의 본질이 여행이라는 사실을 시사하는 것이다.

역경의 군자 역시 사람이 인생길에서 겪을 수 있는 모든 일, 즉 64가지 변화를 겪으면서 깨달음을 얻고 성장을 이뤄간다. 하나의 길을 답파할 때마다 하나의 도를 새로이 터득하는 것이다. 그러므로 역경의 체계에 따르면 사람의 인생에는 64가지 길이 있으며 사람이 인생에서 터득해야 하는 도 역시 64가지인 셈이다.

여기서 도는 길이긴 한데 영어로는 'road'가 아닌 'way'에 해당한다. 'way'에는 물리적인 길만이 아니라 '방법, 방도'라는 뜻이 있다. 그러므로 'alternative way(얼터너티브 웨이)'가 대안, 혹은 다른 방도를 의미하는 것이다. 이처럼 도에도 물리적인 길뿐 아니라 방식, 방법, 방도라는 의미가 있다. 그러므로 '다른 길을 찾아보자'는 말은 다른 방법 혹은 방도를 강구하자는 뜻이 된다.

또한 '도가 트였다'는 말은 '길을 익혔다'는 뜻이며 '방법을 익혔다'는 뜻이다. 우리는 어떤 일을 기막히게 처리하는 사람을 보고 흔히 그 일에 도통道通 했다고 말하는데 여기서 도통은 '도가 통했다', 즉 '도가 트였다'는 말이며, 막힌 길이 뻥 뚫렸다는 뜻이다. 이 같은 말들을 통해 도를 아는 사람과 모르는 사람의 차이를 알 수 있다. 도를 모르는 사람은 막다른 골목에 몰렸다고 생각하고 주저앉는 곳에서 도를 아는 사람은 길을 볼 수 있기에 뚫고 나간다. 그는 남들 눈에 불가능해 보이는 일을 이뤄낸다. 그 모습을 보고 도통했다고 말하는 것이다. 역경을 통해 도를 익힌 사람이 누릴 수 있는 효과가 이런 것이다. 그러므로 역경을 공부한 사람은 막힘 없는 삶을 살 수 있고, 능히 불안을 극복해낼 것이다.

역경이 제시하는 여행길에서 64가지 도를 하나씩 익힐 때마다 주인공인 군자는 그만큼 성장한다. 그 결과 45번째 길인 췌*에 이르면 권력을 획득하여 왕의 자리에 오르고, 59번째 길인 환*에 이르면 왕으로서 평천하를 이루어 패자의 자리에 오르게 된다.

처세서가 경전이 된 이유

독자들에게 역경이 어떤 책으로 느껴지는지 물어보면 처세서로 읽힌다는 대답이 가장 많다. 그도 그럴 법하다. 왜냐하면 역경은 끊임없이 타인과의 갈등, 세상과의 갈등에 어떻게 대응할 것인지를 이야기하기 때문이다. 역경은 사람이 모여 사는 공동체에서 나타나는 여러 갈등 상황에 대해 말한다. 이를 어떻게 조절하고 조화를 이룰 것인지, 어떻게 해야 최선의 결과를 얻을 수 있는지 그 결에 대해 말하고 있다. 역경은 이에 대한 답을 제시하는 책이기 때문에 처세서라고 할 수 있다. 앞으로 3장에서 그 사례들을 살펴볼 것이다.

역경이 처세서로서 특히 의미 있는 이유는, 최고의 처세란 진리의 길을 가는 것임을 밝힌 데 있다. 애초에 점인들은 점의 예측력을 높이기 위해 인간 세상에서 벌어지는 각종 변화의 패턴을 관찰하고 그 현상을 기록했을 뿐 진리의 길을 제시하려는 생각은 전혀 없었다. 그런데 점친 결과에 대한 관찰 기록을 압축해놓고 보니 진리의 길이더라는 것이다.

역경이 제시하는 길을 뜯어보면 그 결과는 개인을 위한 최선의 길인 동시에 공동체를 위해서도 최선의 길이 되고 있다. 이는 당위를 제시한 것이 아니라 있는 그대로의 인간 세상을 관찰한 결과 도달한 결론이기에 더 의미가 있다. 점치는 책, 처세서로 읽히는 책이 경전이 된 이유는 바로 여기에 있다.

오늘날 인간 세상에는 바른길과 효율적인 길이 다르다고 생각하는 풍조가 널리 퍼져 있다. 하지만 이는 조급한 현대인들의 단견이라고 할 수 있다. 점인들이 수천 년간 반복해서 관찰한 결과는 그렇지 않았다. 이에 따르면 바른길과 효율적인 길은 같다.

단 여기에는 이중의 의미가 있다. 효율을 강조하며 바른길을 비웃는 풍조는 분명 잘못이지만 반대로 바른길을 강조하는 것이 곧 효율적인 길을 멀리하는 것이라는 생각 또한 잘못이다. 바른길은 효율적인 길과 다르다고 생각하면서, 돌아가거나 천천히 가는 것만이 바른길이라고 생각한다면 이는 역경의 가르침과는 동떨어진 것이다.

어떤 경우 역경은 자기가 바라는 바를 달성하기 위해 빨리 가는, 권모술수처럼 보이는 길을 제시하기도 한다. 하지만 그 역시 하늘의 뜻이 담긴 바른길이다. 바로 이런 경우에 대해 〈계사상전〉이 "천하의 지극히 깊숙한 도리를 말하고 있으니 추하게 여길 수 없다"라고 말하는 것이다. 반면 어떤 때 역경은 우직할 만큼 천천히 돌아가는 길에 대해 말하기도 한다. 모두가 군자를 버리고 떠나도 그는 홀로 남아 도의 길을 간다. 우이독경이요, 우공이산이라고 할 수 있다. 이 두 가지 경우 모두 바른길이면서 동시에 효율적인 길이다.

역경의 주인공인 군자는 우직한가 하면 권모술수에 가까운 수를 구사하며, 책략가인가 하면 또 우직하게 도의 길을 간다. 이 같은 모습은 모순되고 이중적으로 느껴지기도 한다. 이는 역경이 때에 맞추어 적중하게 행하는 '시중時中의 도道'를 조언하기 때문이다. 어디까지나 때에 맞추어, 각각의 경우에 합당한 도를 조언할 따름이다. 합당한 도는 경우에 따라 다르며, 군자는 그 결을 타고 나아갈 뿐이다. 이처럼 역경의 64가지 길을 익힌 군자는 각각의 경우에 밝기 때문에 자유자재로 도를 구사한다. 그 길은 언제나 자기를 위해서도 최선이며, 공동체를 위해서도 최선이다. 이는 공동체를 위한다고 해서 자기를 포기하는 것이 아니며, 또 자기를 위한다고 해서 공동체를 방기하는 것이 아니라는 이중의 의미를 갖는다. 역경이 제시하는 도의 길은 바른길이면서 동시에 효율적인 길이다. 그러므로 도가 트인, 도통한 사람이 일을 하면 자기의 필요를 충족하면서 공동체에도 조화로운 결과를 가져온다. 그에 따라 자기도 만족하고 상대방도 만족하며, 공동체도 만족한다. 도통한 사람이라는 경탄은 이런 사람에게 주어지는 것이다.

동양에서 진리를 도라고 하는 이유는 위와 같다. 역경이 제시한 도의 길이 바른길인 동시에 효율적인 길이기 때문이다. 이 같은 도의 길을 제시한 책이기에 역경을 읽는 것은 가장 가치 있는 독서가 아닐까. 그런 점에서 역경은 최고의 실용 처세서이기도 한, 매우 독특한 경전이다.

또 다른 관점에서 보면 역경은 인생이라는 여행길 안내서라고 할 수도 있다. 인생이라는 여행은 단 한 번밖에 할 수 없다는 점에서 독특한 여행이다. 첫 여행에서 제대로 보지 못했다고 해서 또 가겠다고 할 수 없는 것이다. 사실 이러한 측면이 불안을 유발하기도 한다. 그러므로 인생 여행에서는 안내서가 더욱 절실하다. 역경은 인생에서 마주칠 수 있는 모든 길에 대한 안내를 담은 여행 안내서다. 인생이라는 여행길에서 잘못되거나 위험한 길로 빠지지 않도록 바른길, 효율적인 길을 안내하는 지도인 것이다. 그러므로 역경을 읽어 길을 익힌 사람은 지도와 안내서를 들고 인생 여행길에 나서는 셈이 된다. 인생은 단 한 번밖에 할 수 없는 여행이기에 이러한 지도와 여행 안내서는 모두에게 도움이 될 것이다.

길흉은 행동에 달려 있다

일찍이 율곡 이이는 역경을 읽는 법에 대해 다음과 같이 조언했다.

역경을 읽어 길흉과 존망, 진퇴, 소장의 기미를 일일이 관찰하고 즐겨서 끝까지 연구해야 할 것이다.

《격몽요결擊蒙要訣》〈독서장讀書章〉 11절 [14]

앞서 살펴본 바와 같이 역경은 점치는 과정에서 탄생한 책이지만, 변화의 법칙을 밝힌 역경 텍스트가 완비된 후에는 굳이 점을 칠 필요가 없다. 누군가 점을 친다는 것은 자신을 둘러싸고 전개되는 변화가 앞으로 어떻게 진행되어 갈지를 알고 싶어서일 것이다. 그런데 역경의 64가지 변화 패턴에 대해 잘 안다면 굳이 점을 칠 필요가 없다. 64가지 패턴과 비교함으로써 내 상황이 그중 어디에 속하며 몇 단계에 있는지 판단할 수 있기 때문이다. 역경은 변화가 어떤 식으로 흘러갈지 서술하고 있으니, 현재가 몇 단계인지를 판단할 수 있다면 다음에 다가올 변화의 추세가 어떤지 미리 알고 대비할 수 있게 된다.

이때 내가 처한 상황이 64가지 길 중 어디에 속하며 몇 단계에 있는지를 판단하는 단서가 바로 율곡이 말한 기미다. 율곡의 조언은 먼저 역경을 읽어 64가지 패턴을 파악한 후, 이를 토대로 현실에서 내가 처한 상황의 기미를 포착하도록 힘쓰라는 것이다. 기미를 포착하여 내가 어느 길의 몇 단계에 처해 있는지를 알면 나의 길흉과 존망, 진퇴, 소장의 추세를 알게 되어 거기에 맞게 대처할 수 있다는 것이다. 이처럼 역경은 내가 놓인 상황의 기미를 파악하여 다가올 변화에 대비할 수 있게 하는 책이다. 이러한 측면에서도 역경은 처세서로 느껴질 수 있다.

만약 미래의 변화가 확고하게 결정된 것이어서 사람은 그저 이를 받아들일 수밖에 없다고 한다면 역경의 의미는 반감될 것이다. 하지만 역경이 더 의미 있는 것은 사람의 생각과 행동이 미래에 영향을 미친다는 사실을 발견했기 때문이다. 역경에서 매 단계의 변화를 설명하는 구절에는 '~면 길할 것', '~면 흉할 것'이라는 내용이 자주 나온다. 이처럼 역경은 길흉에 대해 언급하지만 그것을 무기력하게 받아들일 수밖에 없는 불가항력이라고 말하지 않는다. 오히려 "길흉회린은 행동에서 생겨나는 것"[15]이라고 말한다. 내가 선택한 행동에 따라 길흉이 달라진다는 뜻이다.

그렇다고 해서 항상 꽃길만 걸을 수 있는 것은 물론 아니다. 선택에 따라 흉한 결과를 피하고 길한 결과를 맞는 경우도 있지만 언제나 그런 것은 아니다. 상황에 따라서는 어쩔 수 없이 흉한 결과로 몰릴 때도 있다. 하지만 그처럼 흉한 상황에 몰렸을 때에도 최소한 어떻게 하면 나를 지켜낼 수 있는지, 어떻게 하면 최악의 상황에서도 무너지지 않을 수 있는지에 대한 조언이 있다. 흉한 상황이 어떤 경로를 거쳐 어떻게 변해가고 결국 어떻게 수습되는지 그 변화의 경로가 제시되어 있어 최소한 이를 알고 대처할 수 있는 것이다. 이러한 측면에서 불안을 다스리고자 하는 이들에게 도움이 되는 것은 물론이다.

구체적인 사례는 결국 각자가 직접 읽고 느껴야 한다. 역경은 수천 년의 응축을 거친 압축된 문장이어서 그 내용을 몇 마디 말로 요약해서 제시하기 어렵다. 대신 유사한 상황을 겪어본 사람은 한 글자 한 글자의 의미가 생생하게 온몸을 덮쳐오는 전율을 느낄 수도 있을 것이다. 역경의 문장은 그 압축성과 추상성으로 인해 여백이 많은 동양화를 닮았다. 구체적인 묘사가 부족해서 무미건조하게 느껴질 수도 있지만, 이 책이 '내 얘기를 하고 있구나, 내 상황에 대해 말하는구나' 하고 느끼기 시작하면 그 어마어마한 여백의 매력에 빨려 들게 될 것이다.

지식이 아니라 지혜를 쌓는 공부

이순신 장군이 발탁된 이유

임진왜란 발발 직전인 1591년, 관리의 인사를 담당하던 이조판서 류성룡은 언뜻 이해하기 어려운 인사 발령을 낸다. 이순신을 전라좌수사로 발탁한 것이다. 이순신은 북방의 함경도에서 말을 타고 기마전을 벌여 여진족을 격퇴했던 육전陸戰의 전문가였으므로 이는 이해하기 어려운 조치였다. 이순신이 수전水戰에 대해 무엇을 안다는 말인가? 하지만 이순신은 조선의 수군을 이끌고 왜적을 상대로 벌인 해전을 모두 승리로 이끌어 풍전등화의 위기에 처한 나라를 구해 냈다. 이순신 장군의 승전 비결은 무엇일까?

이순신 장군의 《난중일기》를 보면 주역점과 그 변형인 척자점擲字占을 쳤던 기록이 꽤 자주 나온다. 하지만 그것 때문에 이겼다고 말하려는 것은 아니다. 장군은 육상 전투 경험밖에 없었지만 해상 전투에 대해서도 어떤 지식을 갖추고 있었다. 장군이 갖추고 있던 것은 북방에서 말 타고 벌이는 기마전과 남쪽 바다에서 배 타고 벌이는 해전에 공통되는 그 무엇이었다. 그것이 바로 '상象'이다. A, B, C라는 구체적인 '형形'이 있을 때, 이들 형에 공통되는 요소가 상이다. 이러한 상을 추출하는 것이 바로 추상抽象이다. 이순신 장군은 기마전이라는 형의 경험을 통해 전투의 상을 파악할 수 있었다. 그 때문에 해전이라는 또 다른 전투의 형과 맞닥뜨렸을 때도 전투의 상을 적용함으로써 승리로 이끌 수 있었다.

류성룡이 이순신을 발탁했던 이유는 이순신이 상을 파악하는 자질을 갖췄다고 봤기 때문이다. 옛사람들은 이처럼 상을 파악하는 자질을 중시했다. "군자는 그릇이 아니다君子不器"라는 《논어》 〈위정爲政〉 편의 구절이 바로 이런 뜻이다. 군자는 틀에 박힌 채 한 가지만 담을 수 있는 그릇이 되어서는 안 된다는 의미다. 《선조실록》에는 류성룡이 "이순신과 같은 동네에 살아 그의 사람됨을 깊이 알고 있었다"라고 했고, 류성룡도 《징비록》에서 "이순신은 어릴 때 똑똑하고 활달했으며 틀에 구속받지 않았다"라고 썼다. 류성룡은 이처럼 똑똑하고 틀에 구속받지 않는 이순신이라면 육전 경험밖에 없지만 능히 해전도 감당할 것이라고 본 것이다. 결국 이순신이 군자불기君子不器에 해당함을 알아본 류성룡의 안목이 나라를 구한 셈이다.

역경이 정립되는 과정에서 저절로 모습을 드러낸 것도 이러한 상이며, 그러므로 역경은 추상 작업의 결정체라고 할 수 있다. 역경이 담고 있는 변화의 결, 패턴, 법칙이 바로 변화의 상이다. 우리가 역경을 읽는 것은 인생에서 각종 변화의 형과 맞닥뜨릴 때 미리 익힌 64가지 변화의 상을 적용해서 대처할 수 있도록 하기 위해서다.

흔히 동양 고전을 일러 나물 맛이 난다고 한다. 라면이나 햄버거 같은 인스턴트식품처럼 자극적인 맛이 없다는 뜻이다. 쉽게 말해 재미가 없다는 말이다. 그 이유는 동양 고전이 추상적이기 때문이다. 역경만이 아니라《논어》같은 책을 보더라도 구체적이고 생생한 설명을 제공하지 않는다. 이 때문에 개신교 목사이면서 동양학에도 조예가 깊었던 사상가 김흥호는 유학자들을 가리켜 "말이 적은" 사람들이라고 표현한 바 있다. 대신 동양 고전에도 장점이 있다. 온고이지신溫故而知新이 가능한 것이다. 공자는《논어》〈위정〉 편에서 "옛것을 우리어 새것을 알 수 있다면 남을 이끄는 사람이 될 수 있다溫故而知新 可以爲師矣"라고 했다.

여기서 師(사)는 흔히 스승으로 새기지만 원래의 뜻은 '남을 이끄는 사람'이다. 공자는 남을 이끄는 사람, 즉 리더가 되는 자격 요건으로 온고이지신을 제시했다. 이 말을 달리 풀어보면 구체적인 지식을 남보다 많이 쌓는 것으로는 남을 이끄는 사람이 될 수 없다는 뜻이다. 날마다 새로운 지식이 쏟아져 나오므로 구체적인 지식은 시간이 흐름에 따라 낡은 지식이 되고 만다. 회사를 예로 들면 대리나 과장 정도까지는 구체적인 지식을 많이 쌓는 것으로 유능함을 인정받을 수 있지만 차장이나 부장이 되고 나면 그러기 쉽지 않다. 그 정도 자리에 오르면 구체적인 지식을 쌓는 능력은 대리, 과장에게 밀리기 때문이다. 그럼에도 부장이 대리와 과장을 이끌 수 있는 이유는 그가 추상적인 지식을 갖췄기 때문이다. 추상적인 지식은 구체적인 지식이 아니기 때문에 새로운 상황에도 적용할 수 있다. 옛것을 우리어 새것을 안다는 온고이지신은 바로 이를 가리키는 말이다.

우리는 지혜가 무엇인지 딱 집어 말하기 어렵다. 하지만 구체적인 지식보다 추상적인 지식이 지혜에 가깝다고는 할 수 있다. 추상적인 지식은 어떤 구체적인 상황에 맞닥뜨렸을 때 응용이 가능하기 때문이다. 그러므로 지혜롭고자 하면 비록 나물 맛 정도밖에 나지 않을지라도 추상적인 지식을 쌓기 위해 노력해야 한다.

역경이 정립되던 시대에 사람은 말이 끄는 수레를 몰고 다녔다. 지금은 말 대신 내연기관이 끄는 수레를 자가용으로 몰고 다닌다. 미래에는 어쩌면 핵융합 엔진이 끄는 우주 비행선을 자가용 수레로 몰고 다닐지도 모른다. 하지만 사람이 탈 것을 몰고 다닌다는 상(象)은 동일하다. 게다가 탈 것을 몰고 다니는 사람이 전혀 바뀌지 않았다. 역경을 읽어보면 당시나 지금이나 사람은 조금도 달라지지 않았음을 알 수 있다. 앞으로 천년의 세월이 흐른 뒤에도 사람은 바뀌지 않을 것이다. 그러므로 역경 역시 앞으로 천년의 세월이 흐른 뒤에도 여전히 읽힐 것이다.

대량생산과 대량소비가 이루어지는 현대 사회에서는 책도 대량으로 쏟아진다. 대형 서점에 나가보면 책이 산더미같이 쌓여 있다. 그중에 천년의 세월이 흐른 뒤에도 살아남을 책이 몇 권이나 될까? 구체적인 지식을 담은 책은 모두 사라질 것이다. 천년 뒤에는 모두 낡은 지식이 되기 때문이다. 결국 오늘날 고전이라 불리는 책들만이 천년 뒤에도 살아남을 것이다. 그러므로 고전은 '오래된 미래'라고 할 수 있다. 이들은 구체적인 지식이 아니라 지혜를 담고 있기 때문이다.

현대인들이 온전히 제힘으로 고전에 담긴 통찰에 이르는

것도 가능할 것이다. 필자는 그동안 사회생활에서 현명하게 처신하는 사람을 몇 분 뵌 적이 있는데, 그들은 역경을 읽지 않았음에도 역경에 담긴 조언을 은연중 터득하여 적용하고 있었다. 경험을 통해 터득했거나 아니면 운 좋게 좋은 스승을 만나서 배웠을 것이다. 하지만 그러려면 운이 좋든지 아니면 쓰디쓴 경험을 거쳐야 한다. 또 그런 방식으로 도달할 수 있는 통찰은 평생에 걸쳐 몇 가지에 그칠 것이다. 하지만 역경과 같은 고전의 책장을 넘기면 그 안에는 풍성한 통찰이 가득 담겨 있다.

필자가 보기에 현명한 사람에는 두 부류가 있다. 한 부류는 실패를 통해서 깨닫게 된 쓰디쓴 통찰을 말하는 사람이다. 다른 한 부류는 자신이 이렇게 살아보니 참 좋더라며 즐거운 경험을 말하는 사람이다. 고전을 읽는 사람은 후자가 될 수 있다.

나를 위한 공부, 남을 위한 공부

역경은 자극적인 맛이 없고 나물 맛밖에 나지 않으므로 의식적으로 붙들고 공부해야 하는 책이다. 하지만 그 공부는 즐거운 것이다. 오늘날 우리 사회가 사람들을 입시 혹은 '스펙'이나 자격증을 위한 공부로 내몰다 보니 공부라면 지긋지긋하게 여기는 경향이 있다. 그 때문에 좋아서 하는 공부가 있을까 싶지만 남의 기준에 맞추기 위한 공부가 아닌 나를 위한 공부라면 공부만큼 즐거운 것이 없다.[16] 나를 위한 공부가 어떤 것인지는 어린아이가 책을 읽는 모습을 보면 알 수 있다. 어린아이는 자신이 좋아하는 책이 너덜너덜해지도록 몇 번이고 읽고 또 읽는다.

어른들의 나를 위한 공부는 방송통신대학교의 경우를 보면 알 수 있다. 요즘 방송통신대학교 신입생은 청년층보다는 은퇴 후 하고 싶은 공부를 찾아 들어오는 장년층이 다수를 이루는데, 이들은 대개 10년씩 학교를 다니는 경우가 많다고 한다. 나를 위한 공부를 하는 재미가 워낙 쏠쏠해서 영문과를 졸업하면 다시 중문과에 입학해서 공부하는 식이다.[17] 이들은 이구동성으로 공부만큼 즐거운 취미 생활이 없다고 말한다.

공자는 나를 위한 공부의 전형을 보여주었다. 책을 묶은 가죽끈이 세 번 끊어지도록 역경을 읽고 또 읽었다는 고사는, 어린아이가 좋아하는 책을 읽고 또 읽는 모습 그대로이다.

역경은 공부해야 하는 책이지만 그 공부는 즐거운 것이다. 역경은 물리지 않고 평생 반복해서 볼 수 있으며, 보면 볼수록 깊은 맛이 난다. 자기를 위해서도 공동체를 위해서도 최선의 길을 제시하는 책, 인생이라는 여행길의 지도이자 안내서이니 역경은 나를 위한 공부에 최적의 교과서라고 할 수 있다. 〈그림 7〉은 조선 선비들이 도포 자락에 넣고 다니며 수시로 꺼내

<그림 7> 선비들이 도포 자락에 넣고 다니던 주역 책

원해元陔 이종성(전주 이씨 완풍대군파 18대손) 소장.
왼쪽 사진은 접힌 모습(상·하 2권)이고, 오른쪽은 펼친 모습이다.

볼 수 있도록 작게 만든 역경이다. 공자가 그러했듯 조선 선비들도 역경을 일상의 동반자로 여겼음을 알 수 있다.

일찍이 주희는 나를 위한 공부의 방법으로 잠완潛玩을 제시했다. 잠완은 무엇을 알고자 할 것 없이 그냥 푹 잠겨서 즐기라는 뜻이다. 그리하면 은연중 스며드는 바가 있으리라는 조언이다. 역경은 구체적인 지식이 아니라 추상적인 지혜를 담고 있기에 천천히 곱씹어야 하는 책이다. 그러므로 무엇을 알고자 조급해할 것 없이 잠완하면 될 일이다.

율곡 역시 역경을 읽은 후에 실생활에서 그 기미를 관찰하며 즐기라고 조언했다. 이는 역경이 읽는 것으로 끝나는 책이 아니라 실생활에 적용하는 책이라는 뜻이다. 역경이 제시하는 64가지 패턴을 바탕으로 실생활에서 그 기미를 읽을 수 있게 되면 나의 길흉과 존망, 진퇴, 소장의 추세를 알게 되어 거기에 맞게 대처할 수 있다. 이렇게 보면 역경 독서는 책을 읽는 것이 1단계요, 이를 바탕으로 인생을 읽는 것이 2단계라고 할 수 있다. 그리고 2단계가 진짜 역경 독서다. 율곡은 바로 그 점을 지적한 것이다.

율곡의 조언대로 역경을 읽고 그 내용을 바탕으로 자기 삶을 관찰하기 시작하면 또 다른 즐거움을 느낄 것이며, 그때부터 역경의 묘미를 느낄 수 있을 것이다. 점인들은 사람의 생각과 행동이 미래에 영향을 미친다는 사실을 발견했다. 그러므로 역경을 읽고 깨달은 바를 삶에 적용하는 것은, 실천을 통해 흉한 결과를 피하고 길한 결과를 불러오는 일이 된다. 그리고 이때의 길한 결과란 나만이 아니라 공동체를 위해서도 길한 결과이니, 이때의 실천은 글자 그대로 이 세상에 도를 펼치는 일이 될 것이다.

주역 인문학

역경은 유교의 대표 경전인 삼경三經 중에서도 최고봉으로 인정받는다. 그 이유는 역경이 동양 사상의 양대 축인 유교와 도교의 원형이자 출발점이면서 귀결점이기도 하기 때문이다.

역경에는 동양 사상의 원형이 담겨 있기에 공자와 노자의 가르침이 모두 역경에서 출발한다. 또 역경이 제시하는 길은 개인을 위한 최선의 길인 동시에 공동체를 위해서도 최선의 길이니 동양학의 가르침은 결국 다시 역경으로 귀결될 수밖에 없다. 역경에서 나와서 다시 역경으로 돌아가는 것이다.

유교의 대표 경전인 삼경은 《시경》, 《서경》, 역경인데 순서 그대로 문文, 사史, 철哲에 해당한다. 《시경》은 문학 책이고 《서경》은 역사 책이며 역경은 철학 책인 것이다. 철학이란 이 세상과 인간의 삶에 대한 근본 지식을 탐구하는 학문인데, 동양에서는 개인과 세상을 위해 최선의 길이 되는 지식이 근본 지식이라고 생각했던 것이다. 또 동양에서는 '문사철'을 대략 인문학人文學과 동의어로 여긴다. 인간을 이해하려면 문학, 역사, 철학의 세 범주를 알아야 한다는 뜻이다.

최근 사회적으로 인문학을 알아야 한다는 자각이 일고 있다. 심지어는 자본주의의 첨단을 걷는 미국의 MBA 과정에서도 이제는 철학을 가르친다. 이는 모든 것을 계량하고 계산할 수 있다는 계량경제학과 신자유주의 사조가 지배하던 시절에는 상상하기 어려운 일이었다. 이 같은 변화가 생긴 것은 아마도 지금 세상에서 일어나는 변화가 그동안 축적한 경험적 지식만으로는 명쾌하게 설명되지 않기에 다시 기본, 즉 인간 자체에 대한 지식으로 돌아가 살펴봐야겠다는 자각이 일었기 때문이 아닌가 한다. 이와 같은 인문학 바람의 영향으로 동양 고전 역시 조금은 주목받고 있기에 반가운 일이다. 그런데 이처럼 동양 고전이 주목받는 분위기 속에서도 최고의 철학이자 인문학 고전인 역경이 주목받지 못하는 것은 안타까운 일이다. 역경이 바로 변화의 법칙을 밝힌 책이기에 이토록 커다란 변화가 진행 중인 오늘날 더욱 필요함을 고려하면 더 아이러니하게 느껴지기도 한다.

역경은 지금까지 살펴본 바와 같이 다분히 실용적인 목적으로 읽을 수도 있고 삶을 지탱하는 철학으로 읽을 수도 있다. 다음 장에서 살펴보겠지만 불안을 다스리기 위한 근본 통찰을 제공하기도 한다. 이는 역경이 그만큼 풍성한 가르침을 담고 있기에 가능한 일인데, 그 같은 가르침은 수천 년이라는 시간의 축적 끝에 우리 인류에게 주어진 것이다. 이처럼 독특한 유산이 제대로 평가받을 수 있기를 기대해본다.

2장

주역이 알려주는
불안의 원인과 해결 방법

불안의 근원, 하늘과 땅 사이의 인간

태극과 팔괘

〈그림 8〉은 은나라 점인들이 계시받은 천지창조의 원형에 해당하는 것으로, 태극과 팔괘의 관계를 보여준다.

> 역에는 태극이 있으니, 태극이 양의를 낳는다. 양의가 사상을 낳으며 사상이 팔괘를 낳는다.
>
> 《주역》〈계사상전〉 11장[1]

우리나라의 태극기 역시 이로부터 온 것인데 모르는 사람이 꽤 많다. 처음 태극기를 만들 때는 역경의 팔괘 모두를 그리

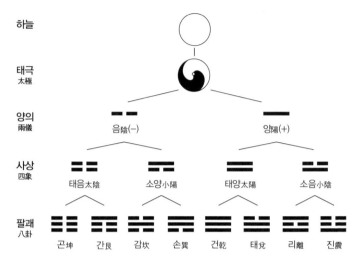

하늘

태극
太極

양의
兩儀   음陰(−)   양陽(+)

사상
四象   태음太陰   소양小陽   태양太陽   소음小陰

팔괘
八卦   곤坤 간艮 감坎 손巽 건乾 태兌 리離 진震

〈그림 8〉 태극과 팔괘의 관계

는 방안도 고려했으나 국기의 도안이 너무 복잡해도 곤란하다
는 의견에 따라 건곤감리 4괘를 대표로 선택한 것이다.

역경의 팔괘는 팔괘와 팔괘가 만나서 64괘를 이룬다(부록
2 참조)는 점에서 의미가 있다. 〈그림 9〉와 같이 팔괘의 손巽과
리離가 만나서 가인괘(37)를 이루는 식이다. 이처럼 팔괘와 팔
괘가 만나 64괘를 이룬다는 것은 중대한 의미를 갖는다. 인간
세상에서 벌어지는 모든 일을 의미하는 64괘가 결국 팔괘로
이루어졌다면 인간 세상의 모든 일은 결국 팔괘라는 여덟 가
지 기본 요소로 구성된다는 의미이기 때문이다.

그러므로 팔괘의 속성만 충분히 이해한다면 역경의 64괘를

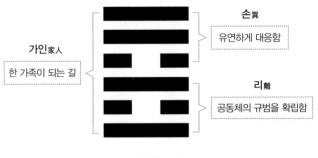

〈그림 9〉 팔괘와 가인괘

모두 이해할 수 있고, 따라서 인간 세상에서 벌어지는 모든 변화의 상을 이해할 수 있다. 예를 들어 〈그림 9〉에서 가인의 길을 팔괘의 속성을 바탕으로 해석하면, 하괘 리에서 공동체의 규범을 확립하고 상괘 손에서는 유연하게 대응하는 것이 가인의 길이라고 할 수 있다.

하지만 인간 세상에서 벌어지는 모든 변화의 상을 64개 범주에서 8개 범주로 축약하면 그만큼 추상화의 정도 역시 강해진다. 그에 따라 팔괘의 의미는 더욱 추상화되어 인간의 직관으로 이해하기가 더욱 어렵다. 또 언어의 선형성 때문에 그 의미를 표현하기도 어렵다. 〈표 3〉에서는 팔괘의 속성을 문자로 정리했는데, 이렇게 팔괘의 속성을 무리해서 문자언어로 표현하는 순간 그 즉시 팔괘의 상이 담은 뜻을 다 담지 못하며, 그 뜻을 일정 부분 왜곡하는 오류에 빠지게 되는 것이다. 그러므로 팔괘의 속성과 의미를 이해하려면 그 괘상을 역경 경문의

괘상	이름	속성	물상
☷	곤坤	**순順: 순명順命** (천명·진리에 대한) 공감·수용 자기를 버림	지地 (대지)
☶	간艮	**지止: 자기 자리에 머무름** 산처럼 굳게 버팀 자기주장 중에서 핵심 가치를 확보함	산山 (산)
☵	감坎	**함陷: (혼란에) 빠짐** 혼란을 통한 성찰, 시련을 통한 단련	수水 (물)
☴	손巽	**입入: (자기주장을) 굽히고 들어감** 유연한 대응	풍風 (바람)
☰	건乾	**건健: 강건함** 자기 확신을 바탕으로 한 자기주장	천天 (하늘)
☱	태兌	**탈說: 벗어남** 기존의 규범(한계)에서 벗어남	택澤 (못)
☲	리離	**려麗: 걸고 의지하는 규범(당대의 진리)** 공동체의 규범을 확립함	화火 (불꽃)
☳	진震	**동動: 동動하게 함** 새로운 가능성에 대한 생각을 불러일으킴 새로운 출발	뢰雷 (벼락)

〈표 3〉 팔괘의 속성[2]

우리 조상들은 괘상을 암기할 때 팔괘의 물상物象을 이용했다. 예를 들어 〈그림 9〉의 가인괘는 손괘와 리괘로 이루어졌는데 이를 '풍화가인風火家人'이라고 암기하는 식이다.

괘효사와 함께 살펴봄으로써 감을 잡아야 한다. 그렇게 하고 나면 이번에는 팔괘의 상이 역경 경문의 괘효사 해석에 도움을 준다. 필자가 지금까지 제시했던 괘효사의 해석은 모두 이같은 팔괘의 상을 고려해서 이루어진 것이다.

역경의 64괘가 팔괘로 구성되었다는 관점에서 보면 64괘를 보는 인식의 지평을 확장할 수 있다. 즉 인간 세상에서 벌어지는 변화를 보는 인식의 지평을 확장할 수 있다는 말이다. 이를 통해 역경이 제시하는 천도天道, 지도地道, 인도人道의 문제를 이해할 수 있고, 하늘과 땅 사이에 끼어버린 우리 인간의 상황을 이해할 수 있다. 우리가 느끼는 불안과 고통의 근본적인 원인은 바로 여기에 있는 것이다.

하늘과 땅 사이 사람의 길

하늘[天]·땅[地]·사람[人], 이 셋을 일러 삼재三才라고 한다. 하늘과 땅과 사람이 이 세상을 이루는 세 가지 바탕이라는 뜻이다. 〈계사하전〉은 이 삼재의 도에 대해 다음과 같이 말한다.

주역이라고 하는 책은 광대하게 다 갖추고 있으니 하늘의 길이 있고 사람의 길이 있고 땅의 길이 있다. 삼재를 겸하고자 둘을 포갰으므로 여섯이 된 것이다. 이 여섯은 다른 것이 아니라 삼재의 도道인 것이다.

《주역》〈계사하전〉 10장[3]

역경은 광대하게 다 갖추고 있으니 거기에는 하늘의 길[天道]이 있고, 사람의 길[人道]이 있고, 땅의 길[地道]이 있다고 한다. 〈그림 10〉을 통해 해解(40)의 길을 예로 들어 살펴보자. 해의 길은 공동체 구성원 간의 반목을 해소하고 새출발하는 길이다. 〈표 3〉 팔괘의 속성을 염두에 두면 괘상만으로도 해의 내용을 짐작해볼 수 있다. 그림의 왼편을 보면, 팔괘의 진震과 감坎이 만나서 해를 이룬다. 이때 상괘 진이 천도에 해당하고, 하괘 감이 지도에 해당한다.

그런데 이처럼 상괘와 하괘가 서로 다른 것은, 땅 위의 현실이 하늘의 뜻(천명)을 제대로 따라가지 못하는 실정을 반영한다. 이로 인해 땅 위에 존재하는 사물은 끊임없는 갈등과 불안, 고통에 시달린다. 언제나 들려오는 하늘의 목소리와 발을 딛고 선 땅 위의 현실이 일치하지 않기 때문이다. 해의 경우를 보면 하괘 감은 혼란과 시련을, 상괘 진은 새로운 출발을 상징한다. 해의 상황에 놓인 공동체가 마주한 땅 위의 현실은 구성원 간에 존재하는 반목이다. 그로 인해 구성원들이 혼란과 시련을 겪는 상태에 있다. 고개를 들어 하늘을 보면, 하늘은 공동체

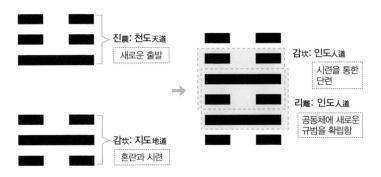

〈그림 10〉 해(40)의 괘상

의 구성원들이 반목을 풀고 새로운 출발을 하기를 바라고 있다. 그럼에도 공동체는 반목을 해소하지 못하고 있어서 그 같은 상황에 처한 인간은 더욱 고통스럽고 불안하다. 발을 딛고 선 땅 위의 현실이 하늘의 뜻을 쫓아가지 못하고 있기 때문이다. 이때 사람이 할 일은 무엇인가?

〈그림 10〉의 괘상에서 사람의 길은 오른편의 리와 감으로 제시된다. 이는 천도인 상괘와 지도인 하괘가 만나 생겨난 것으로, 〈계사하전〉에서 "삼재를 겸하고자 둘을 포갰으므로 여섯이 된 것"이라는 말은 이를 의미한다. 삼재를 겸하고자 팔괘 두 개를 포갠 것이며, 그 결과 여섯 효가 되어 오른편의 리와 감이라는 인도가 생겨난다.

이 같은 괘상이 의미하는 바는 무엇인가? 그것은 사람이 걸어야 할 길이 하늘의 길과 땅의 길 사이에 있으며, 하늘의 뜻과 땅 위의 현실이 일치하지 못하는 곳에서 사람의 할 일이 생겨난다는 뜻이다. 양자의 불일치로 그 사이에 끼어버린 사람은 고통스럽지만, 하늘이 땅을 내고 또 사람을 낸 뜻은 바로 그 지점에 있다는 것이다. 인도를 펼쳐서 땅 위의 현실을 하늘의 뜻과 조화시켜 보라는 것이다. 어떻게 이 일이 가능한가?

> 오직 사람이 그 빼어남을 얻어서 최고의 영성을 지녔으니 형체가 갖추어졌으며 정신은 지知를 펼치는도다. 오성五性을 느끼면서 움직이고 선악을 분별하는도다.
>
> 《태극도설》[4]

위에서 《태극도설》은 사람의 특성을 적시하고 있다. 사람이 살덩이 형체[形]를 갖추었다는 것은 사람 역시 땅의 존재라는 말이다. 하지만 사람은 살덩이 육체 속에 영성[靈]이 깃들었다는 점에서 다른 땅의 존재들과 구별된다. 사람은 인의예지신 仁義禮智信의 오성五性을 느끼면서 움직이고 선악을 분별한다. 사람이 선악을 분별한다는 것은 하늘의 목소리를 듣는다는 것이며, 그 뜻을 따르고자 한다는 것이다. 이는 다른 동물에서는 찾아볼 수 없는 사람만의 특성이다.

이처럼 살덩이 육체 속에 영성이 깃든 사람은 하늘과 땅 양쪽을 구비하고 있다. 발은 땅에 붙이고 있으나 가슴에 담긴 영성은 하늘의 목소리를 듣는다. 사람이 죽으면 하늘로 돌아간다[歸天]고 하는데, 살덩이 육체는 흙에서 와서 흙으로 돌아가는 것이니 이때 하늘로 돌아가는 것은 사람의 가슴에 담긴 영성인 셈이다. 이처럼 사람이 하늘과 땅 양쪽을 구비한 존재라는 사실은 우리가 쓰는 말 속에도 잘 드러나 있는 것이다.

그런데 살덩이 육체를 타고난 존재가 그 안에 영성을 담고 있다는 것은 굉장한 모순이다. 사람은 하늘과 땅 사이에 끼어버린 존재요, 그 경계로 내몰린 존재인 것이다. 그리고 경계에 선 자는 언제나 고통스럽고 언제나 불안에 시달린다. '불안不安하다'는 말은 편안하지 못하다는 뜻이며, 안정감이 없다는 뜻이다. 어느 한쪽에 확실히 속하면 어쨌든 안정감이 있고 속은 편안하련만 경계인은 그렇지 못하다.

오늘도 땅 위에서는 진흙탕 싸움이 벌어지고 있다. 우리는 이러한 땅의 현실을 무시할 수 없다. 땅에서 발을 떼어버리면 살덩이 육체를 건사할 수 없기 때문이다. 그래서 자신의 몫을 차지하고자 진흙탕 속 드잡이 싸움에 끼어든다. 하지만 그러다가 문득 고개를 들어 하늘을 보면 하늘은 언제나 그 자리에서 그러지 말라 말하고 있다. 하늘의 소리를 듣고 문득 손에 힘이 빠진 순간 나는 상대에 의해 진흙탕에 처박히고 만다. 그런 경험을 하고 나서 이제는 하늘을 무시하겠다고 애써 눈 감고 귀를 막아보기도 한다. 하지만 잠시뿐이다. 고개 들어 하늘을 보면 하늘은 언제나 거기 있기 때문이다.

이러한 갈등이 늘상 우리 삶에서 반복되고 있다. 결국 경계에 선 사람은 귀천歸天하는 그날까지 줄곧 어정쩡함의 고통, 분열의 고통에 시달려야 한다. 하지만 하늘이 땅을 내고 또 사람을 낸 뜻은 이러한 고통과 불안을 감당해달라는 것이다. 이것이 사람에게 주어진 천명이다. 사실 사람이 특별한 이유는 이러한 고통과 불안을 감당하기 때문이라고 할 수 있다. 하늘과 땅의 불일치로 고통받는 존재는 다른 동물 중에는 없기 때문이다. 살덩이 육체 속에 영성이 깃든 사람은 그 모순으로 인해 고통받으나 동시에 그로 인해 양자의 모순을 조화하고자 한다. 모순으로 고통받는 자, 갈급한 자가 우물을 파는 법이기 때문이다.

〈그림 10〉에서 하괘의 끝인 3단계는 땅 위의 모순과 갈등이 누적되어 극대화되는 지점이다. 바로 그때 위기가 찾아온다. 그래서 역경의 6단계 중 3단계는 위기의 단계에 해당한다. 이 위기를 극복하고 땅 위의 현실을 하늘의 뜻과 조화되게 하려는 군자의 노력이 성공하면 천도의 시작점인 4단계로 올라설 수 있다. 4단계는 땅 위의 현실을 뛰어넘어 천도가 펼쳐지기 시작하는 지점이므로 4단계에 진입하려면 땅에서 하늘로의 도약이 필요하다. 그래서 역경의 6단계 중 4단계는 도약의 단계에 해당한다.

어떻게 하면 군자가 이 도약을 성취할 수 있을까? 위기를 극복하고 땅 위의 현실을 하늘의 뜻과 조화시키려면 어떻게 해야 하는가? 그 역할이 괘상으로 제시된 것이 〈그림 10〉 오른편의 리와 감이다. 해의 길에서 천도의 진과 지도의 감이 어긋나서 빚어지는 갈등과 고통, 불안은 그 사이에 선 사람이 제 도리를 다할 때 줄일 수 있다. 군자는 2·3·4효를 통해 리를 확립하고 3·4·5효를 통해 감을 확립해야 한다. 팔괘의 리는 공동체에 새로운 규범이 확립됨을 상징하고, 감은 시련을 통한 단련을 상징한다. 이는 공동체 구성원 간의 반목을 해소하기 위해 공동체의 기존 규범을 고수하는 대신 새로운 규범을 확립하고, 이후 그 새로운 규범이 시련을 통한 단련의 과정을 거치면서 더욱 단단해지는 과정을 상징한다. 군자가 이렇게 사람의 길을 완수하면 이후 상괘 진에 안착해서 공동체는 하늘의 뜻에 따라 새출발을 할 수 있다.

이를 통해 군자가 제 도리를 다할 때 땅 위의 현실이 하늘의 뜻을 따라가게 됨을 알 수 있다. 사람이 하늘과 땅 사이에 선 존재이면서도 하늘에 짝한다는 말을 들을 수 있는 것은 이 때문이다. 하늘의 뜻이 땅에서도 이루어지도록 힘을 보태는 존재가 사람이기 때문이다. 그 때문에 사람이 하늘, 땅과 더불어 이 세상을 이루는 세 가지 바탕[三才]이 되는 것이다.

군자의 구원은 무엇인가

군자와 소인, 대인

역경의 49번째 길은 혁革의 길이다. 혁은 개혁, 혁명, 혁신 등을 의미한다. 그러므로 혁의 길이 제시하는 변화의 법칙은 역사적인 혁명에서부터 어떤 제도나 조직을 개혁하는 일, 기업체의 혁신에 이르기까지 무엇인가를 근본적으로 바꾸고자 할 때 적용할 수 있는 길이다.

혁의 길에는 여행의 주인공인 군자 외에도 소인과 대인이 등장한다. 그러므로 혁의 길에서 군자의 행동을 소인, 대인과 견주어봄으로써 군자의 또 다른 면모를 살필 수 있다. 〈표 4〉에 혁의 길 여섯 단계를 요약해서 제시했다.

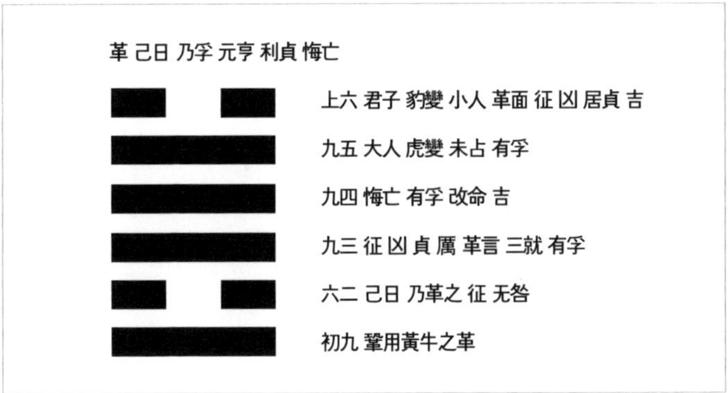

革 己日 乃孚 元亨 利貞 悔亡

上六 君子 豹變 小人 革面 征凶 居貞 吉

九五 大人 虎變 未占 有孚

九四 悔亡 有孚 改命 吉

九三 征凶 貞厲 革言 三就 有孚

六二 己日 乃革之 征 无咎

初九 鞏用黃牛之革

〈그림 11〉 혁(49)의 괘상

1단계 준비기	아직 때가 이르지 않았기에 혁의 대의를 공고히 하면서 때가 오기를 기다려야 한다.
2단계 혁의 시작	혁을 결행할 수 있는 날이 이르면, 때를 놓치지 말고 과감하게 결행하는 것이 중요하다.
3단계 혁의 확산과 위기의 단계	계속 밀고 나가는 것은 흉하니, 곧이곧대로 계속하면 위태롭다. 혁 하는 말은 세 번 성취함이 있어야 믿음이 생기는 법이니 유의하라.
4단계 도약의 시기	군자가 세 번의 성취를 보여주면 사람들의 마음에 마지막까지 남아 있던 망설임이 사라지면서 믿음이 생긴다. 이때 천명을 고치면 길하다.
5단계 도약의 지속	대인이 호변하였으나 아직 조짐을 보여주지는 않는다. 믿음을 가져라.
6단계 절정과 과잉의 단계	군자는 표변하며, 소인은 혁면한다. 정征하면 흉할 것이며, 정貞함에 머물러야 길하리라.

〈표 4〉 혁의 길 여섯 단계

주역이 말하는 혁의 길 여섯 단계를 보면, 2단계에서 구악을 혁파하는 혁을 결행하고, 이후 4단계에서 천명을 고치는 개명改命을 결행한다. 그런데 그 사이 3단계에서 "세 번의 성취[三就]"를 보여야 한다고 조언하는 대목이 흥미롭다. 그렇게 하면 사람들의 마음에 마지막까지 남아 있던 망설임이 사라지면서 혁에 대한 믿음이 생길 것이며, 이를 바탕으로 4단계에 이르러 천명을 고치면 길한 결과를 맞이할 수 있다. 반대로 세 번의 성취를 보여줌이 없이 곧바로 개명을 결행하는 것은 위태롭다고 한다. 이는 체제 내에서 구악을 혁파하는 것에 비해 체제 자체를 뜯어고치는 개명改命에는 더욱 큰 어려움이 따른다는 뜻이다. 그러므로 "혁 하는 말은 세 번 성취함이 있어야 믿음이 생기는 법이다"라는 3효사의 조언은, 혁명·개혁·혁신을 시도하려는 모든 이들에게 주는 소중한 충고라고 할 수 있다.

"믿음이 생긴다[有孚]"라고 할 때 孚(부)는 새가 발톱으로 알을 굴리면서 품는 모습을 형상화한 글자이다. 햇볕을 골고루 쐬야 알이 부화하기에 그렇게 굴리면서 품는 것이다. 그렇게 계속 품으면 제 새끼가 나올 것이라는 사실을 믿기에 새는 굶주림과 추위, 비바람, 천적의 위협에 맞서 싸우면서 목숨을 걸고 알을 품는다. 역경은 이렇게 어미 새가 비가 오나 눈이 오나 쉬지 않고 품은 알을 끊임없이 발톱으로 굴리는, 지극정성을 다하는 모습에서 믿음의 적절한 상징을 발견했기에, 孚(부)라는 글자로 추상적 개념인 믿음을 표현하고 있다.

만약 군자가 세 번의 성취를 보임으로써 사람들의 마음속에 혁에 대한 믿음을 심어주면, 사람들은 굶주림과 추위, 천적의 위협이 닥칠지라도 혁의 알을 계속 품어 새 생명의 탄생을 이루어낼 것이다. 그러므로 혁의 길은 3단계에서 확산과 쇠퇴의 분기점에 놓인다고 할 수 있다. 따라서 혁 하려는 이는 세번의 성취가 반드시 있어야 한다는 사실을 염두에 두고 사전에 그 성취를 보일 준비를 갖춰야 한다. 세 번의 성취를 보이지도 못하면서 혁의 대의만 강변하며 밀고 나간다면 위태로운 결과를 초래할 것이라고 역경은 말한다. 만약 이렇게 해서 혁이 실패로 끝나면 구체제는 더욱 공고해져서 혁을 시도하지 아니함만 못하게 되니 유의할 일이다.

5단계에서는 대인大人이 등장한다. 대인은 소인小人에 대비해서 쓰이는 말로, 자신의 사리사욕이 아니라 대의에 따라 행동하는 사람을 가리킨다. 그는 진실되고 덕이 있는 사람이며, 군자 역시 대인에 속한다. 반면 소인은 소아小我에 집착하면서 오로지 눈앞의 이익과 자신의 안위만을 기준으로 행동하는 사람을 가리킨다. 5효사는 "대인이 호변했으나 아직 조짐을 보여주지는 않는다. 믿음을 가져라"라고 말한다. 호변虎變은 호랑이 가죽 무늬같이 아름답게 변하여 빛난다는 뜻이다. 대인이 호변했다는 말은, 공동체의 구성원 가운데 대인들은 군자가 감행한 개명의 뜻에 공감하여 찬성하는 쪽으로 마음이 바뀌었다는 말이다. 다만 대인은 행동이 진중하기에 아직 겉으로 드러내 보여주지는 않는다. 하지만 수면 아래에서는 바뀐 것이 분명하니 믿음을 가지라고 역경이 군자를 격려하고 있다.

6단계에서는 군자와 소인이 등장한다. 6효사는 "군자는 표변하며, 소인은 혁면한다. 정貞하면 흉할 것이며, 정貞함에 머물러야 길하리라"라고 말한다. 표변豹變은 표범의 무늬가 변한다는 뜻인데 점차 '갑자기 달라진다'는 의미를 갖게 되었다. 지금까지 혁을 앞장서서 이끌던 군자가 갑자기 달라진다는 것은, 군자가 더는 적극적으로 혁을 이끌지 않는다는 말이다. 혁의 길 6단계에 이르러 군자가 갑자기 태도를 바꾸는 것이다. 그 이유는 무엇일까?

이는 소인이 혁면하고 나서는 것과 관련이 있다. 혁면革面은 '혁명을 얼굴에 걸고 다닌다'는 의미다. 혁의 길 6단계는 지난한 과정을 거쳐 온 혁명이 절정에 이른 국면이다. 6단계에 이르면 이제 혁명의 성공이 확실해 보인다. 그 때문에 그동안 혁명의 대의를 외면하던 소인들이 안면을 확 바꾸어 혁명을 얼굴에 걸고 다니는 것이다. 이들은 성공한 혁명의 대열에 동참하는 것이 늦었다. 그 때문에 그 과실을 놓칠세라 그동안 혁명을 선도해온 군자나 앞장서 지지했던 대인들보다도 더 과격하게 목소리를 높인다. 통상적으로 혁명의 후반부는 과격화로 치닫는데, 역경에 따르면 그 원인은 소인에게 있는 것이다.

한편 역경이 "그대로 정征하면 흉할 것"이라고 경고하는데, 여기서 '정征한다'는 말은 바르지 못한 대상을 바로잡기 위해 공개적이며 적극적인 방식으로 행동에 나서는 것을 가리킨다. 이렇게 하면 흉할 것이라 경고하는 이유는 소인들의 과격한 행동 때문에 혁명이 과잉으로 치달으면서 각종 부작용이 생기기 때문이다. 이미 성공한 것처럼 보이는 혁명이 이러한 부작용으로 인해 실패할 수도 있다. 이 같은 예는 역사에서 자주 관찰할 수 있다.

"정貞함에 머물러야 길하리라"라는 말은, 음효인 6효의 취지를 굳게 고수해서 양의 행동인 '정征'을 행하지 말아야 길하다는 뜻이다. 그 때문에 군자는 혁명의 과격화를 막음으로써 혁명을 성공시키기 위해 동분서주한다. 이러한 군자의 모습이 갑자기 달라진 것처럼 보이기에 표변한다는 표현이 쓰인 것이다.

혁의 길 6단계에서 혁명의 최종적인 성공 여부는 표변으로 묘사된 군자와 혁면으로 묘사된 소인 중 어느 쪽이 사태를 주도하느냐에 달려 있다. 소인의 혁면이 주도하여 정征하게 되면 6단계는 절정에서 곧바로 과잉의 단계로 넘어가 흉한 결과가 초래될 것이며, 군자의 표변이 주도하여 정貞함에 머무를 수 있다면 과잉이 방지되어 길한 결과가 초래될 것이다. 이처럼 혁의 길에서 그 길함과 흉함은 사람의 행동에 따라 결정된다.

그 때문에 군자는 표변했다는 비난을 무릅쓰면서까지 고군분투하는 것이다.

64가지 길을 걷는 군자는 누구인가

혁의 길에서는 군자와 소인, 대인의 행동이 선명한 대비를 이룬다. 대개 동양학 문헌에서는 군자와 소인을 대비시키는데, 여기에 또 대인이 존재하므로 군자와 대인을 견주어 볼 필요도 있다. 대인은 군자와 어떻게 다른가?

군자는 역경의 64가지 길을 걷는 인생 여행의 주인공이다. 결국 각자의 인생길을 걷는 삶의 주체가 모두 군자다. 대인은 권세나 이익이 아니라 대의에 따라 행동하는 사람이니 덕으로서는 군자와 대인이 동렬이다. 하지만 대인이라 해서 군자의 인생길을 대신 걸어줄 수는 없다. 그러므로 역경의 세계에서 대인은 혁의 길에서처럼 군자가 인생길에서 만나게 되는 충실한 동반자이자 조력자로 등장하는 것이다.

소인은 대인과 달리 대의가 아니라 소아小我에 집착하는 사람이다. 그는 군자와 달리 자신에게 하늘이 부여한 명[天命]이 있다는 사실을 알지 못한다.[5] 결국 자신에게 소아를 넘어서는 더 중요한 것이 있음을 모르기 때문에 계속 소아에 집착하는 행동을 하는 것이다. 만약 어떤 계기로 소인이 자신에게 천명이 있음을 자각하고 그 천명을 따르는 삶을 살기 시작하면 그때부터는 그도 군자가 될 수 있다. 이로써 군자와 소인, 대인이 어우러져 사람의 길을 걷는 것이다.

하늘과 땅 사이에 놓인 사람의 길은 완벽한 하늘의 길이 되지는 못한다. 그 길은 최선이 아니라 차선을 선택해야 하는 길일 수 있고, 심지어는 최악을 피하기 위해 차악이라도 끌어안아야 하는 길일 수도 있다. 판단할 판判 자는 반 반半 자와 칼 도刀 자가 결합한 모습이다. 칼로 무 베듯이 일도양단하는 것이 판단을 내린다는 말의 뜻이다. 하지만 사람의 일이란 칼로 무 베듯 일도양단할 수 있는 일이 거의 없다. 그럼에도 인생길을 걷는 군자는 일도양단하는 판단을 내려야 한다. 반으로 가를 수 없는 것을 가르니 모든 판단에는 오류의 가능성과 부작용이 없을 수 없다.

군자는 또한 지나침[過]을 무릅쓴다. 역경에는 과過의 길이 둘이나 존재한다. 상경의 대과大過(28)와 하경의 소과小過(62)가 그것이다. 이는 사람의 인생길에서는 과를 피할 수 없으며 이를 무릅써야 한다는 뜻이다. 예와 의리가 확립된 하경의 세상에서조차 소과는 피할 수 없다.

결국 군자는 길흉만이 아니라 회린悔吝을 피할 수 없다. 회悔란 '늘 마음에 걸려 사라지지 않는 그 무엇'이다. 후회일 수도 있고 회한일 수도 있다. 길흉회린이 군자의 행동에서 생겨난다는 말은, 군자는 자신의 행동으로 생겨난 회한을 떨쳐낼 수 없다는 말이다. 린吝은 '인색하다'는 뜻을 갖는데 역경 경문에서는 어떤 행동의 성과가 박하게 나올 때 "인색할 것[吝]"이라는 표현을 쓴다. 이는 스스로 만족하지 못한다는 뜻과 남들에게 인색한 평가를 받는다는 이중의 의미를 띤다. 혁의 길 6단계에서 군자의 노력으로 과잉이 방지되고 혁의 도가 완성된다 하더라도 군자는 표변했다는 인색한 평가에 시달려야 한다. 결국 군자는 64가지 길의 굽이마다 끊임없이 길흉회린에 시달려야 하는 것이다. 왜 그래야 할까?

수처작주隨處作主라는 말이 있듯 삶이 어떤 길에 놓이든 군자가 삶의 주인이기 때문이다. 노예라면 주인에게 판단을 맡겨 버리면 되고, 객客이라면 부작용이 따르는 판단을 회피하고 그냥 지나쳐버릴 수 있다. 하지만 주인은 그럴 수 없다. 대인조차 군자를 도울 수는 있지만 삶의 문제에 대한 판단을 대신 내려줄 수는 없다. 그 때문에 군자는 오늘도 길흉회린을 끌어안고 길을 가는 것이다.

군자의 불안과 구원

필자가 이 글을 쓰는 시점은 2024년 5월 초로 미국의 대선이 6개월 뒤로 다가온 시점이다. 그러다 보니 TV 뉴스에 바이든 대통령과 트럼프의 소식이 자주 나오는데 그들을 볼 때마다 필자에게 생각나는 장면이 하나 있다. 지난 2020년 대선 때의 일인데, 당시에는 현직 대통령이던 트럼프를 바이든이 이겼다. 그런데 당시 이를 기뻐하며 펑펑 울던 어느 미국 시민의 인터뷰가 인상적이었다.

"이제 우리 아이에게 '선한 사람이 되어야 한다'고 좀 더 자신 있게 말할 수 있게 되었어요."

이렇게 말하며 다 큰 어른(아이 아빠)이 펑펑 울었다. 트럼프가 대통령이던 4년의 세월이 그 아이 아빠에게는 너무 힘든 시간이었던 것이다. 인종차별 등 온갖 혐오를 조장하고, 사랑, 정의, 자비, 인권, 겸손, 미덕 등등을 노골적으로 조롱해대던 대통령 트럼프, 그리고 그를 추종하는 사람들이 미국에서 득세하는 것을 보며 너무 괴로웠던 것이다. 사랑하는 자기 아이에게 '선한 사람이 되어서' 이 세상을 살아야 하는 것이라고 자신 있게 말할 수 없었기 때문이다.

사실 그는 괴로움을 넘어 두려웠을 것이다. 혹시라도 선한 사람으로 이 세상을 살아야 한다는 말은 그저 동화책에나 나오는 얘기가 아닐까? 이 세상은 실제로는 선한 가치들이 조롱당하는 곳이며, 생존을 하려면 저들처럼 강자에 빌붙어 살아가야 하는 것은 아닐까? 이러한 혼란에 휩싸여 그는 두려웠을 것이다. 사랑하는 자기 아이에게 차마 그와 같이 끔찍한 잿빛 세상을 보게 하고 싶지 않았기 때문이다.

그가 느꼈던 혼란과 두려움은, 이 세상에 하늘의 뜻 같은 것은 없으며, 이 세상은 그저 온갖 거짓과 타락, 변덕, 변칙만이 판을 치는 곳인지 모른다는 두려움이다. 이를 요약하면, 이 세상이 정말 아무 의미 없는 곳이면 어쩌나 하는 두려움이라고 할 수 있다. 사람의 내면에 잠재한 이와 같은 불안, 두려움은 매우 근본적인 것이다. 이 세상이 아무 의미 없는 곳이면 거기에 속한 나 또한 아무 의미 없는 존재가 되고, 거기서 살아가는 나의 삶 또한 아무 의미 없는 것이 되기 때문이다.

하지만 사람은 이처럼 의미 없는 삶과 의미 없는 세상을 견디지 못한다.

우리들은 모두
무엇이 되고 싶다.
너는 나에게 나는 너에게

　김춘수 시인이 〈꽃〉이라는 시를 처음 쓸 때 이렇게 표현한 건 핵심을 정확히 파악한 것이다. 그래서 우리는 오늘도 불안하다. 정말 이 세상이 아무 의미 없는 곳이면 어쩌나 하고.

　펑펑 울던 아이 아빠는 이렇게 말했다. "이제 우리 아이에게 '선한 사람이 되어야 한다'고 좀 더 자신 있게 말할 수 있게 되었어요"라고. 대통령 선거에서 바이든이 트럼프를 꺾고 당선되었을 때조차도 여전히 '좀 더 자신 있게 말할 수 있게 된 것'이지 100퍼센트 확신은 못 하고 있다.

　왜 아니겠는가? 이 세상을 잠시 둘러보는 것만으로도 우리의 자신감을 꺾기에 충분하다. 게다가 금년 11월로 다가온 미국 대선에서는 현재까지 트럼프가 다소 앞서고 있다. 만약 트럼프가 다시 당선된다면 그 아이 아빠는 또 한 번 두려운 세월을 보내야만 할 것이다.

　이처럼 우리가 마주하는 이 땅의 현실은 우리 아이들에게 '선한 사람이 되어서 이 세상을 살아야 하는 것'이라고 자신 있게 말하는 것조차 어렵게 만든다. 이렇게 땅 위의 현실은 오늘을 사는 나의 삶을 끊임없이 흔들어대고 있다.

　여기서 한 가지 주목할 사실은, 아예 땅에 속한 소인에게는 이와 같은 불안이 없다는 점이다. 당장 눈앞의 이익과 자신의 안위만을 기준으로 세상을 보며 살아가는 소인에게는 이와 같은 불안이 생길 리 없다. 예를 들어 트럼프를 추종하며 그의 편에 서서 인종차별 등의 혐오를 같이 조장하고, 사랑, 정의, 자비 등의 고상한 관념을 조롱해대는 소인들은 그저 속이 편하다. 맹렬한 집단에 속해 있어서 안정감도 있다. 이들에게는 불안의 감정이 생기지 않는다. 앞서 아예 어느 한쪽에 확실히 속하면 어쨌든 안정감이 있고 속은 편안하다고 했던 것이 바로 이런 경우이다.

이렇게 보면 우리에게 내재한 불안의 근본 원인을 이해할 수 있다. 첫째는 우리가 땅 위의 현실에 처해 있기 때문이고, 둘째는 여기에 더해 하늘이 눈에 보이기 때문이다. 소인은 똑같이 땅 위의 현실에 처해 있지만 두 번째 요소를 결여했기 때문에 전혀 불안하지 않다. 결국 군자이기 때문에 불안한 것이다.

그러므로 불안을 느낀다는 사실 자체가 사실은 그가 군자임을 보여주는 것이다. 그리고 이러한 불안을 감당해달라는 것이 하늘이 군자에게 바라는 뜻이다. 앞서 천지인 삼재라고 했지만 아무나 하늘의 짝이 되는 것은 아니다. 천도(하늘의 뜻)가 눈에 보이는 군자가 하늘의 짝으로서 삼재에 해당한다. 대신 하늘의 뜻이 눈에 보이는 군자는 땅 위의 현실에 마냥 편안할 수 없고 불안을 느낀다. 그에게 불안은 운명이라고 할 수 있다. 물론 하늘의 짝이 되려면 과도한 불안에 휩쓸려서는 안 되고 이를 넘어서야 한다. 그렇다면 이를 이루기 위한 군자의 구원은 무엇인가?

우리가 처한 땅 위의 현실은 무엇이건 64괘 중 하나에 해당한다. 이 64괘 각 경우마다 정해진 하늘의 뜻(천도)이 있다는 사실이 그에게 구원이다. 이는 군자에게 불안을 일으키는 근원이면서 동시에 구원인 것이다.

만약 하늘의 뜻이 얼핏 눈에 보이기는 하는데 분명하게 인식하지 못하는 경우라면 도리어 혼란을 초래한다. 사람은 뭐가 뭔지 모르겠어서 갈피를 잡을 수 없을 때 불안하다. 혼란에서 더 나아가 아예 이 세상은 아무 의미 없는 곳이 아닐까 의심된다면 불안하고, 나의 삶이 정처 없이 표류한다고 느껴지면 가장 불안하다.

그러므로 세상은 그런 곳이 아님을 분명하게 인식해야 한다. 매 경우마다 정해진 하늘의 뜻이 있다. 당장은 혼란스러워 보이지만 내가 처한 이 경우에도(그것이 어떤 경우이든) 내가 가야 할 정해진 하늘의 뜻이 천도로서 존재하는 것이다. 이를 깨닫는 것이 불안에서 벗어날 수 있는 최고의 비결이다. 군자가 할 일은 진흙탕 속 드잡이 싸움이거나 또는 아예 포기하거나, 양 극단 중 택일이 아니다. 군자가 할 일은 지도에서 천도를 향해 나아가는 것이다. 사람의 일을 다함으로써 지도를 천도로 끌어올리는 것이다. 지도와 천도 사이에 놓인 인도, 인간의 길을 묵묵히 걸어가는 것이다.

이는 군자가 천지인 삼재로서의 자기 정체성을 자각하는 것이다. 군자가 제 도리를 다할 때 땅 위의 현실이 하늘의 뜻을 따라가게 된다. 그때 군자는 천지창조의 일익을 담당하는 하늘의 대리자로서의 소임을 다한 것이다. 그 때문에 하늘에 짝한다는 놀라운 찬사를 들을 수 있는 것이다. 이와 같은 자신의 소임과 정체성을 자각할 때 군자는 걱정과 불안을 해소할 수 있다.

자기가 이 세상을 살아갈 의미를 아는 사람은 어떤 고난이라도 이겨낼 수 있기 때문이다.

군자의 불안, 소인의 불안

지금까지 군자의 구원이 무엇인지 살펴보았는데, 혹시 소인이 되겠다는 것이 군자의 구원이 될 수 있을까? 하늘에 눈과 귀를 막고 주변에 영합하면서 오로지 자신의 이익과 안위만을 위해 살아가겠다고 하면 어쨌든 혼란과 불안을 해소할 수 있다. 하늘과 땅 사이에 끼어버린 존재의 불안에서 벗어나기 위해 아예 확실한 땅의 존재가 되겠다고 선택하는 것이다. 현실적으로 이와 같은 선택을 하는 사람들이 있기 때문에 이 문제에 대해 생각해볼 필요가 있다.

이에 대한 대답은, 일단 하늘이 한 번 보인 이상 사람은 소인으로 살아지지 않는다는 것이다. 애써 눈 감고 귀 막아보지만 어느 날 문득 고개를 들면 하늘은 언제나 거기서 바라보고 있기 때문이다. 그러므로 소인으로 살아가겠다는 시도는 내면의 갈등과 피폐를 낳을 뿐 해결책이 되지 못한다.

게다가 군자(대인)의 불안과는 종류가 다른 소인의 불안이 또 있다. 소인은 오로지 자신의 이익과 안위만을 기준으로 살아가면서 주변과 영합하는 사람이기에, 그가 느끼는 불안은 자신의 욕망이 충족되지 못하는 것에서 기인한다. 자신의 물질적 욕구가 충족되지 못할 때, 자신의 안전이 위협받는다고 느낄 때, 주변 사람들에게 무시당한다고 느낄 때 그는 걱정과 불안에 휩싸인다. 반면 하늘이 자신에게 부여한 명이 있음을 아는 군자에게 있어서 이러한 욕구의 미충족은 '불편'일 따름이지 불안의 원인이 될 수 없다. 군자의 불안과 소인의 불안은 격이 다른 것이다.

그렇다면 소인이 느끼는 불안의 해결책은 무엇일까? 자신에게 하늘이 부여한 명이 있음을 깨닫는 것이다. 그리하여 군자가 되는 것이다. 그리하면 소인이 느끼는 불안의 원인인 소아적 욕망에 휘둘리는 상태에서 벗어날 수 있다.

다산의 편지

다산 정약용은 그 자신도 뛰어나지만 그의 집안 또한 명문가로 유명했다. 다산의 집안은 조선에서 유일한 '8대 옥당 집안'으로, 명문가 중의 명문가로 꼽혔다. 그런 그의 집안이 정조 임금 사후 일어난 천주교 박해(1801년)에 연루되어 풍비박산이 나고 만다. 다산의 셋째 형 정약종은 참수를 당해 죽었고, 둘째 형 정약전과 다산 역시 사형을 언도받았다가 유배로 감형되었다. 죽을 고비를 넘기고 간신히 살아남은 것이다. 이처럼 집안이 하루아침에 몰락하고 자신을 포함한 가족들이 생사의 경계를 넘나들던 시기에 다산이 적은 편지 한 통이 남아 있다. 당시 유배지 해남에서 친구 윤외심(그 역시 박해에 연루되어 죽을 고비를 넘기고 살아남았다)과 만나고서 그 일을 술회하는 편지를 둘째 형 정약전에게 보낸 것이다.

둘째 형님께 드리는 답장[6]

윤외심을 재작년 해남에서 서로 보았을 때의 대화입니다.

저는 말하길, 죽지 않고 서로 보니 이상한 일일세.

윤은 말하길, 사람이 죽는 것이 어찌 쉬운 일인가?

제가 말하길, 사람이 죽는 것이 가장 쉬운 일일세.

윤이 말하길, 죄악이 다한 연후에 사람이 죽는 것일세.

제가 말하길, 복록이 다한 연후에 사람이 죽는 것일세.

서로 웃고 끝났습니다. 그가 말한 죄악이 다한 연후에 사람이 죽는다는 것은 대체로 이 세상을 고난의 세상으로 여기는 것입니다. 그러면 이는 하늘을 원망하고 사람을 탓하는[怨天尤人][7] 말이니 진정으로 도를 아는 말은 아닙니다.

두 사람의 대화는 흥미롭다. 둘 다 죽을 고비를 넘기고 간신히 살아남는 모진 시련을 겪었지만 삶과 세상을 바라보는 두 사람의 관점은 다르다. 죄악이 다한 연후에 사람이 죽는 것일까? 복록이 다한 연후에 사람이 죽는 것일까?

죄악이 다한 연후에 사람이 죽는다는 것은 이 세상 삶을 고난으로 여기는 것이고, 복록이 다한 후에 사람이 죽는다는 것은 삶을 축복으로 여기는 것이니 이 질문은 결국 '우리가 살아가는 세상은 고난의 세상일까, 축복의 세상일까?'라는 질문으로 치환할 수 있다. 과연 어느 쪽일까?

이 풍진風塵 세상을 만났으니 너의 희망이 무엇이냐
부귀와 영화를 누렸으면 희망이 족할까
푸른 하늘 밝은 달 아래서 곰곰이 생각하면
세상만사가 춘몽 중에 다시 꿈같구나

노래 〈이 풍진 세월〉에서 말하는 풍진風塵 세상이란 바람에 먼지가 인 혼탁한 세상을 가리킨다. 바람에 먼지가 인 세상 속에 서 있으면 자신이 아무리 깨끗하고자 해도 깨끗할 수 없다. 이와 비슷하게 불교에서는 이 세상을 일러 사바娑婆세계라고 한다. 사바는 산스크리트어 'Saha'를 음역한 표현으로 그 뜻은 참을 인忍에 해당한다. 즉 이 세상은 인토忍土로 참아내야 하는 세상이다. 아미타불이 주재하는, 어떤 번뇌와 괴로움도 없이 평안하고 청정한 서방정토西方淨土 극락 세계에 다시 태어날 때까지 참아내야 하는 세상이 이곳이니, 역시 이 세상을 고난의 세상으로 여기는 말이다. 기독교에서도 그리스도의 재림과 함께 이 세상은 끝이 나며 하느님의 나라가 이른다고 한다. 그리스도를 믿어 구원을 받으면 하느님의 나라에서 영생을 얻게 된다. 그러므로 영생을 얻기 전에 잠시 머무는 이 세상은 기독교에서도 고난의 세상이라 할 수 있다.

이처럼 이 세상을 긍정하기란 쉽지 않다. 사실 눈을 들어 잠시 이 세상을 바라보는 것만으로도 비관적인 전망을 갖기에 충분하다. 사람들은 이기적이고 부도덕하다. 도처에서 남을 속이고 약한 자를 짓밟으려 든다. 이 세상은 기본적으로 약육강식의 세계이며 갈수록 아비규환이 되어가고 있다. 그러므로 죄악이 다한 연후에 사람이 죽는 것으로 본 윤외심의 관점, 이 세상을 고난의 세상으로 보는 관점은 자연스러운 것이다. 반면 복록이 다한 연후에 사람이 죽는 것으로 본 다산의 관점, 하늘을 원망하고 사람을 탓하는 말은 도를 아는 말이 아니라는 다산의 관점은 논리적으로 설명하기 쉽지 않다. 이를 어떻게 해명할 수 있을까?

르코르뷔지에와 대대

〈그림 12〉에서 무엇이 보이는가? 아무것도 보이지 않는다고 생각했다면 정답이다. 그렇다면 〈그림 13〉에서는 무엇이 보이는가? 〈그림 13〉은 현대 건축의 거장 르코르뷔지에Le Corbusier가 지은 롱샹 성당의 예배당이다. '빛의 건축'으로도 불

〈그림 12〉?

리는 롱샹 성당은 매년 전 세계 건축학도의 순례가 끊이지 않는 유명 건축물이다. 그림을 보면 이 성당이 그렇게 불리는 이유를 알 수 있다. 르코르뷔지에는 "빛은 분위기와 공간의 느낌을 창조하며 또한 구조를 표현한다"라고 했는데, 과연 그 말대로 〈그림 13〉에서는 창문을 통해 들어오는 매우 인상적인 빛을 느낄 수 있다.

롱샹 성당의 빛을 보고 나서 〈그림 12〉로 돌아가보자. 이번에는 무언가를 볼 수 있지 않을까? 〈그림 12〉는 충만한 빛을 담고 있는 셈이다. 온통 충만한 빛으로 가득하다 보니 오히려 아무것도 보이지 않을 뿐이다. 반면 예배당의 빛이 인상적인 이유는 적절한 어둠과 함께하기 때문이다. 그러므로 롱샹

〈그림13〉 롱샹 성당의 내부 모습

성당은 '빛의 건축'이 아니라 '어둠의 건축'으로 불려야 타당할 것이다.

두 그림을 대비하면 다음과 같은 사실이 명백해진다. 빛은 어둠을 필요로 한다. 어둠이 없으면 빛은 힘을 잃는다. 어둠이 없으면 빛을 느낄 수 없다. 나아가 어둠이 없으면 빛도 없다. 이러한 빛과 어둠의 관계를 일러 동양학에서는 대대[待對]라고 칭한다. 지금은 생소한 말이 되어버렸지만 옛날에는 많이 쓰던 말이다. 대대란 서로 의지하는[待] 동시에 서로 대립한다[對]는 뜻으로, 대립 관계에 있는 양자가 서로 대립하기만 하는 것이 아니라 의지하는 관계이기도 하다는 말이다. 빛과 어둠, 기쁨과 슬픔, 지혜와 어리석음, 영광과 좌절, 쾌락과 고통 등은 서로 대립하기만 하지 않는다. 두 그림의 사례에서 보듯이 어느 한쪽이 없다면 다른 한쪽도 존재할 수 없다. 이렇게 보면 사실은 한쪽이 다른 한쪽을 지탱하는 셈이다.

동양의 옛사람들은 우주에 존재하는 삼라만상이 모두 대대를 이룬다고 보았다. 우주의 결이 그렇게 새겨져 있다고 읽어낸 것이다. 그런데 서양에서도 현대에 이르러 대대의 결을 발견했다. 노벨 물리학상 수상자인 닐스 보어는 물리적 세계에서 대립하는 두 성질이 사실은 서로 보완하는 관계에 있다는 사실을 발견하고서 이를 상보성相補性, complementarity이라고 불렀다. 그러고는 이를 "대립적인 것은 상보적이다[Contraria Sunt Complementa]"라는 유명한 라틴어 문구로 집약해서 표현했다. 더 나아가 그는 물리적 세계에서 모든 성질은 상보적으로 쌍을 이루어서만 존재한다고 분석했는데, 이는 결국 우주 안의 모든 것이 대대로서 존재한다는 통찰과 다름없다.

신화학자 조지프 캠벨Joseph Campbell 역시 신화 연구를 통해 대대를 발견했다. 그는 초월의 장을 떠나 시간의 장에 있는 모든 것은 이원적이라는 사실을 지적한다. 선과 악, 정당함과 부당함, 이것과 저것, 빛과 어둠, 과거와 미래, 삶과 죽음, 존재와 부재 등을 대극opposites의 사례로 거론하면서 가장 궁극적인 한 쌍의 대극은 남성과 여성이라고 설명한다. 그가 말하는 대극은 곧 대대이고, 남성과 여성은 양과 음이라고 할 수 있다.

〈그림 14〉 닐스 보어의 문장과 태극

　캠벨이 파악한 바와 같이 음과 양은 궁극의 대대이자 수많은 대대의 형形에서 추출해 낸 대대의 상象이다. 특히 음과 양이 맞물리며 순환하는 모습을 표현한 태극이 바로 대대의 상이라고 할 수 있다. 태극은 음과 양이 서로 대립하는 동시에 둘이서 함께 전체로서 원을 이룬다는 점에서 단지 대립하는 것만이 아니라 상보적이라는 사실을 잘 표현하고 있다. 닐스 보어가 태극을 자신의 상징으로 삼은 것은 이 때문이다.

　〈그림 14〉는 닐스 보어가 덴마크 정부에서 기사 작위를 받을 때 내걸었던 가문의 문장이다. 기사 작위를 받으면 제도상 귀족이 되기 때문에 자기 가문을 상징하는 문장이 있어야 했다. 그래서 보어는 이 문장을 직접 도안해서 내걸었다. 상단에 '대립적인 것은 상보적이다'라는 문구와 그 아래 태극 문양이

선명하다. 보어는 친구인 동양학자 요하네스 페데르센에게 많은 감화를 받아 역경에 심취했는데 이 같은 관심이 상보성의 원리 등 양자론 철학을 정립하는 데 큰 힘이 되었던 것 같다.

늑대가 존재하는 이유

몽골 유목민들에게 늑대는 원수다. 늑대가 그들이 방목하는 양을 해치기 때문이다. 그런 이유로 몽골에서는 꾸준히 늑대를 사냥했는데 현대에 이르러 총이 도입되고 사냥 기술이 발전하면서 늑대를 박멸할 수 있게 되었다. 그런데 예상치 못한 문제가 생겼다. 늑대를 박멸하고 나니 그들이 방목하는 양에 전염병이 퍼져 떼죽음을 당하는 일이 빈발한 것이다. 처음에는 둘 사이의 인과관계를 알 수 없었으나 이후 늑대의 부재가 원인이라는 사실이 밝혀졌다.

늑대가 있을 때, 양들은 습격의 우려 때문에 늘 긴장 상태에 있었다. 양 떼는 항상 긴장을 늦추지 않고 조그만 소리에도 놀라 도망치곤 했다. 그러다가 진짜 늑대가 나타났을 때는 사방으로 도망치는 양들 가운데 병에 걸려 힘이 빠진 양이 잡아먹히곤 했다. 그런데 늑대가 사라지고 나니 양들이 방만해졌다. 긴장할 이유가 없어졌기 때문이다. 양들은 마음 놓고 먹기만 할 뿐 거의 움직이지 않았다. 운동이 부족해지자 양들의 면역력이 급격히 떨어졌다. 전염병이 자주 발생한 이유는 바로 그 때문이었다. 결국 늑대가 박멸된 지역의 유목민들은 외지에서 늑대를 데려다 풀어놓기에 이르렀다. 이에 대한 어느 유목민의 인터뷰가 인상적이었다. 그는 "자연에 존재하는 모든 것은 결국 필요해서 있는 것 같다"라고 했다.

이 일화는 대대가 왜 존재하는지 그 이유를 잘 설명해준다. 대립하는 대대는 원수지간이다. 빛과 어둠, 선과 악이 그와 같다. 하지만 자연에 존재하는 모든 것은 결국 필요해서 있는 것이다. 늑대는 양과 유목민들에게 박멸해야 할 원수로 치부되었지만, 결국 그들을 돕는 존재였다는 사실이 밝혀졌다. 대대도 마찬가지다. 왜 어둠이 존재하는가? 빛을 돕기 위해서다. 빛은 어둠을 만나지 못하면 힘을 잃는다. 어둠이 없고 온통 빛만 있다면 빛을 느낄 수 없다. 그때 빛은 없는 것이다. 대대는 서로 의지하기에 존재하며, 상대를 의지할 수 없다면 더는 존립할 수 없다. 그러면 왜 악이 존재하는가? 역시 선을 돕기 위해서다.

동양학에서는 이를 대화對化 작용이라고 부른다. 대화란 마주 대하는 존재에게 영향을 받아 변화한다는 말이다. 동양학에서는 더 나은 존재가 되려면 대화 작용이 반드시 필요하다고 본다. 《예기禮記》는 "옥이 쪼아지지 않으면 옥기를 이루지 못한다"[8]라고 말한다. 옥이 쪼아진다는 것은 몸이 깎여 나가는 고통을 겪는다는 말이다. 옥 원석은 깎여 나가지 않으면 찬란히 빛나는 옥기를 이루지 못한다. 아이가 어른이 될 때, 남녀가 부부가 될 때, 부부가 부모가 될 때 우리는 몸이 깎여 나가는 고통을 겪는다. 하지만 그 결과 우리는 성장하고 발전할 수 있다. 이처럼 우리는 대립하는 상대 때문에 내가 깎여 나가는 고통을 당하지만 그로 인해 어제보다 나은, 옥기처럼 찬란히 빛나는 유용한 존재가 될 수 있는 것이다.

"우리가 악에 굴복하지 않는 한 모든 악은 우리의 후원자다"[9]라는 랠프 월도 에머슨(미국의 사상가)의 말은 선과 악의 대대가 왜 존재하는지, 어째서 선이 악의 대화 작용을 필요로 하는지를 잘 표현하고 있다. 물론 그 전제는 우리가 악에 압도당하지 않아야 한다는 것이다. 그러려면 악에 맞서 열심히 궁리해서 자신을 지킬 수 있어야 한다. 그렇게 했을 때 우리는 하늘을 원망하고 사람을 탓하지 않을 수 있다.

이와 관련하여 사도 바울은 환난을 자랑으로 여겨야 한다는 흥미로운 말을 했다. "우리는 환난도 자랑으로 여깁니다. 우리가 알고 있듯이, 환난은 인내를 자아내고 인내는 수양을, 수양은 희망을 자아냅니다. 그리고 희망은 우리를 부끄럽게 하지 않습니다"[10] 이에 따르면 우리는 세상을 살아가며 마주치는 환난을 자랑으로 여겨야 한다. 환난은 인내를 자아내고 인내는 수양을, 수양은 희망을 자아내기 때문이다. 수양을 통해 어제보다 나은 오늘의 내가 되었을 때 비로소 희망이 있다.

빛이 어둠을 만나지 못하면 수양을 할 수 없다. 거기에는 어떤 덕德도 없으며 그때 그 빛은 빛이 아니다. 바람에 먼지가 인 혼탁한 세상에 서 있으면 제아무리 깨끗하려 해도 깨끗하게 있을 수 없다. 그러므로 우리가 사는 이 세상은 진정 고난의 세상이라 할 수 있다. 하지만 고난은 인내를 자아내고 인내는 수양을, 수양은 희망을 자아낸다. 인내가 없다면, 수양이 없다면, 어둠이 없고 빛만 있다면 무슨 가치가 있을까? 누구나 하는 것이라면 무슨 가치가 있을까? 좋은 것은 언제나 적으며 그래서 얻기 어렵다. 하지만 그로 인해 가치가 있는 것이다.

이 풍진 세상을 만났으니 너의 희망이 무엇이냐? 수양을 통해 어제보다 나은 오늘의 내가 되었을 때 희망이 있다. 그 희망이 우리를 부끄럽게 하지 않는다.

3장

세상을 이루는
여섯 단계 안에 숨겨진 의미

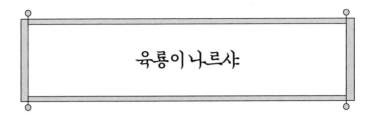

육룡이 나르샤

건의 길로 보는 인생의 단계

　역경은 64괘로 이루어져 있는데 그중 절반인 32괘는 양의 성질을 띠며, 나머지 절반은 음의 성질을 띤다. 〈그림 15〉에 제시한 건乾괘는 여섯 효가 모두 양으로 이루어진 순수한 양 기운의 결정체로서 32양괘를 대표하는 존재다. 여섯 효가 모두 음으로 이루어진 곤坤괘는 32음괘를 대표한다.

　양 기운의 결정체인 건은 우리 우주를 구성하는 두 기운인 음과 양 중에서 양의 작용이 어떤 것인지를 보여준다. 양 기운의 가장 기본적인 성질은 팽창이다. 양은 끊임없이 팽창하려고 한다. 그러므로 건괘가 보여주는 변화의 법칙은, 거칠게 말

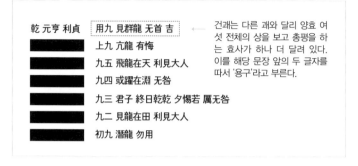

乾 元亨 利貞　　用九 見群龍 无首 吉　←

上九 亢龍 有悔

九五 飛龍在天 利見大人

九四 或躍在淵 无咎

九三 君子 終日乾乾 夕惕若 厲无咎

九二 見龍在田 利見大人

初九 潛龍 勿用

건괘는 다른 괘와 달리 양효 여 섯 전체의 상을 보고 총평을 하 는 효사가 하나 더 달려 있다. 이를 해당 문장 앞의 두 글자를 따서 '용구'라고 부른다.

〈그림 15〉 건(1)의 괘상

하면 '성장의 법칙'이라고 할 수 있다. 건의 괘효사가 전하는 의미를 살펴보면, 어떤 새로운 것이 탄생해서 성장할 때 적용 되는 변화의 법칙을 담고 있다.

　〈표 5〉에 괘효사의 한글 해석을 제시했다. 그 의미를 살펴봄 에 앞서 성장의 법칙에 대해 말하면서 어째서 용과 같은 상징 을 동원하는 것인지를 생각해볼 필요가 있다. 그 이유는 건의 도가 여러 사물에 두루 적용되기 때문이다. 건의 도는 어떤 새 로운 것이 탄생해서 성장하는 과정이기만 하면 그 대상이 무 엇이든 두루 적용된다.

　사람의 일생에도 건의 도는 적용된다. 건의 도 6단계는 그 대로 우리 인생에서 펼쳐지는 여섯 단계의 이야기가 된다. 그 런가 하면 새로운 사업을 시작하거나 새로운 프로젝트를 시작 할 때도 건의 도는 적용된다. 작게는 하루의 계획을 세울 때도

1단계	처음에 양 기운이 이르니, 잠룡의 상이로다. 작용하지 말라.
2단계	양 기운이 둘에 이르니, 모습을 드러낸 용이 전田에 있는 상이로다. 대인을 만나야 이로우리라.
3단계	양 기운이 셋에 이르니, 군자의 상이로다. 종일終日 건乾하고 건하다가 저녁때는 조심하면 위태롭더라도 허물은 없으리라.
4단계	양 기운이 넷에 이르니, 간혹 (승천하려고) 연못에서 도약을 해야 허물이 없으리라.
5단계	양 기운이 다섯에 이르니, 날아야 할 용이 비로소 하늘에 오른 상이로다. 대인을 만나야 이로우리라.
6단계	극상의 자리에까지 양 기운이 이르니, 항룡의 상이로다. 후회가 있으리라.
용구	양 기운 전체를 한꺼번에 보자면, 모습을 드러낸 군룡群龍의 상이니, 우두머리 자리를 다투지 않아야 길하리라.
괘사	건乾의 길은 으뜸으로 형통하리라. 정貞해야 이로우리라.

〈표 5〉 건의 괘효사

건의 도를 적용할 수 있다. 크게는 나라를 일으켜 세우는 데도 적용된다. '육룡이 나르샤'로 시작되는 〈용비어천가〉가 조선의 건국 과정을 건의 도 6단계에 빗대어 육룡의 활약으로 묘사한 것도 그 때문이다.

　나라를 세우는 것과 사람의 일생, 하루의 계획을 세우는 일

〈그림 16〉 프랙털 구조

그림에서 어느 한 부분을 떼어 내도 그 부분이 그림 전체를 그대로 담고 있다.

에 동일한 원리를 적용한다는 것은 얼핏 비합리적인 얘기처럼 들릴 수 있다. 하지만 부분이 전체를 반복한다는 프랙털[1] 구조를 상기하면 납득할 수도 있다. 역경은 프랙털 구조가 공간뿐 아니라 시간에도 적용된다는 사실을 제시한 것이라고 할 수 있다.

점인들이 세상의 변화를 관찰하고 분류하던 초기에는 아마도 사람의 일생과 나라를 세우는 과정을 서로 다른 범주로 분류했을 것이다. 하지만 숱한 세월에 걸쳐 관찰 결과를 응축시키는 과정을 통해 나라를 세우는 과정과 사람의 일생은 물론, 새로운 사업을 시작하거나 하루의 계획을 세우는 등의 일에 적용되는 법칙이 모두 같다는 사실을 발견하고 범주를 통합했을 것으로 생각한다. 이들 모두는 어떤 새로운 것이 탄생해서 성장하는 과정이라는 점에서 같았던 것이다. 예를 들어 "내일은 내일의 태양이 뜬다"라는 말은, 하루하루 모든 날들이 새로운 것이라는 뜻이다. 그러므로 오늘 하루 역시 새로운 것이 탄생해서 성장하는 과정인 것이다.

이들 모두가 건의 도에 속한다는 사실을 고려하면, 어떤 구체적인 묘사로 건의 도를 서술할 수 없다는 사정을 이해할 수 있다. 결국 점인들은 용의 승천과 같은 상징을 동원함으로써 건의 도를 표현할 수밖에 없었던 것이다.

그 덕분에 역경 텍스트는 압축성과 추상성에 상징성까지 더하게 되어 직관적으로 이해하기가 더 어려워졌다. 대신 씹으면 씹을수록 깊은 맛이 나며 온고이지신이 가능한 텍스트가 되었다. 건의 도는 새로운 것이 탄생해서 성장하는 과정이기만 하면 오늘날 벌어지는 일에도 적용할 수 있는 것이다. 예를 들어 21세기를 사는 우리들 각자의 인생도 건이다. 그러므로 건의 도는 우리들 각자가 자신의 인생에서 제대로 성장을 이루려면 어떻게 살아야 하는지에 대한 시사점을 준다. 나의 삶을 온전하게 살고 싶다면 어떻게 해야 하는지, 내 인생에 부여된 잠재력을 100퍼센트 발휘하려면 어떻게 해야 하는지에 대한 답을 들을 수 있다.

결국 역경이 들려주는 건의 도 여섯 단계는 그대로 우리 인생에서 펼쳐지는 여섯 단계의 이야기가 된다. 이게 정말 내 인생 얘기가 맞는지 한번 대조해 보시기 바란다. '내 인생이 정말 이러한가?' 이런 자세로 읽을 때 역경이 전하고자 하는 메시지가 제대로 와닿을 것이다.

김흥호는 건의 도가 예수나 공자의 일생에 그대로 들어맞는다고 했는데,[2] 이는 독자 여러분의 인생에도 들어맞을 것이다. 왜냐하면 역경이 수천 년이 지난 지금도 읽히고 있기 때문이다. 읽어봐도 공감이 가지 않았다면 진작에 사라졌을 것이다.

1단계: 준비기

처음에 양 기운이 이르니, 잠룡의 상이로다. 작용하지 말라.

건의 괘상을 보면 1단계는 이제 막 양효 하나가 놓였을 뿐이다. 그러므로 양 기운은 아직 미약하다. 이러한 건의 1단계는 잠룡의 상태이니 작용하지 말라고 조언한다. 아직 나설 때가 아니니 경거망동하지 말라는 말이다.

'~하지 말라[勿]'는 표현은 역경에 등장하는 여러 부정 표현 중에서 가장 강한 표현이다. '절대 하지 말라'는 뉘앙스이며, 철칙이라는 뜻이다. 그러므로 건의 길 1단계에서는 아무리 못

참겠다 싶은 일이 있더라도 절대 나서면 안 된다. 잠룡은 역량이 턱없이 부족한 상태이므로 섣불리 나섰다간 장래의 큰일을 망칠 뿐이다. 이 때문에 그렇게 경고하는 것이다.

하지만 이는 혈기왕성한 잠룡에게 쉽지 않은 일이다. 예를 들어 대장군 한신은 시정잡배의 가랑이 밑으로 기어가는 치욕을 감내해야 했다. 시정잡배와 드잡이 싸움을 벌이다 몸을 상함으로써 장래의 큰일을 망칠 수는 없었기 때문이다. 한신은 치욕을 참고 견딘 끝에 대장군의 지위에 올랐지만 그런 치욕을 참고 견디기는 결코 쉽지 않다. 그러므로 건의 길 1효사의 조언은 단순한 것이 아니다.

'잠룡의 상이니 작용하지 말라'는 잠룡물용潛龍勿用 네 글자는 수천 년의 세월 동안 깎여 나가는 과정을 거친 후에 남은 것이다. 그러므로 하나하나가 수천 년 세월을 싣고 있는 무거운 글자들이다. 이처럼 역경의 문장을 대할 때는 한 글자 한 글자의 의미가 무거운 것일 수 있다는 사실을 염두에 두고 읽는다면 더욱 도움이 될 것이다.

잠룡물용 하라는 조언은 인생살이에 두루 적용할 수 있다. 역경의 1단계는 대체로 준비기에 해당한다. 다시 말해 도를 펼치기 위한 준비 작업이 물밑에서 이루어지는 단계다. 상품 판매로 치면 신제품 출시 전이고, 사업으로 치면 사무실을 열기 전이다. 이 단계에서는 때를 기다릴 줄 아는 것이 무엇보다 중요하다. 준비가 미진한 상태에서 성급하게 시작했다가 실패하는 경우가 얼마나 많은가. 점인들은 점친 결과를 확인하는 과정에서 그 같은 실패를 수없이 목격했고, 또한 때가 무르익을 때까지 참고 기다리는 것이 쉽지 않음을 확인했다. 그 결과 잠룡물용 하라고 단언하는 조언이 남은 것이다.

2단계: 대인을 만나라

양 기운이 둘에 이르니, 모습을 드러낸 용이 전田에 있는 상이로다. 대인을 만나야 이로우리라.

패상에서 1효에 이어 2효에 또다시 양이 놓인 것은, 2단계에서 양 기운이 그만큼 자라났음을 상징한다. 그에 따라 용은 잠룡 단계를 벗어나 현룡見龍 즉, 모습을 드러낸 용으로 발전한다. "모습을 드러낸 용이 전田에 있다"는 말은, 용이 이제 막 문명 세계의 가장자리에 진입했음을 가리킨다. 여기서 전은 사각형으로 구획이 정리된 땅을 가리킨다. 대자연은 다 둥글둥글해서 사각형은 존재하지 않는다. 그러므로 사각형으로 정리된 땅이란 사람의 손길이 닿은 곳을 의미한다. 즉 자연 상태를 벗어난 인간의 영역이다. 그 때문에 田(전) 자는 밭을 의미하

기도 하고 사냥터를 의미하기도 한다. 사냥터 역시 인간의 손
길이 닿아 관리되는 땅이기 때문이다.

〈그림 17〉은 읍을 중심으로 형성되었던 고대 도시국가인 읍
국의 개념도이다. 역경은 이러한 읍국을 배경으로 이야기를 풀
어나가기 때문에 이 개념도에 실린 글자들이 역경에 자주 등
장한다. 개념도에서 읍은 문명 세계의 핵심이다. 읍은 성곽으
로 둘러싸인 시가지 가운데 사람들이 모여 사는 곳으로, 질서

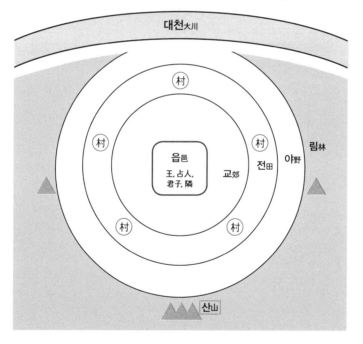

〈그림17〉 역의 시대 읍국 개념도

가 잡혀 있어 사람들이 그 질서를 준수하며 살아가는 곳이다.

성곽 밖은 교郊다. 교외, 도시 근교 등의 표현에서 알 수 있듯 교는 도시의 주변부를 의미한다. 이곳 교는 왕이 하늘에 바치는 제사를 올리는 공간이며, 읍의 백성들이 참여하는 축제가 벌어지는 공간이기도 하다. 교를 벗어난 곳에 바로 전이 있다. 여기서 밭을 갈고 사냥을 한다. 전의 영역에는 군데군데 촌락村이 자리 잡았다.

전을 벗어난 곳은 들野이다. 이와 관련하여 야합野合한다는 말이 있는데, 들에 나가서 사통하는 것이 야합이다. 성곽 안이나 촌락에 있는 자기 집이 아니라 남의 눈에 띄지 않는 들에 나가서 남몰래 사통하는 부당한 행위가 야합인 것이다.

숲林은 들에서도 벗어난 곳에 있다. 오늘날의 낭만적 이미지와 달리 고대의 숲은 위험 지대였으며, 역경이 정립되던 시절에 숲은 통행 불가 지대였다. 쇠도끼가 없던 청동기시대에는 숲속 나무를 제압할 방법이 없었다. 그에 따라 고대의 숲은 아름드리 거목이 빽빽하게 자라 길도 없고 한낮에도 어두컴컴한 곳, 함부로 들어갔다간 길을 잃고 헤매다 호랑이, 곰, 늑대 등의 맹수에게 물려 죽기 십상인 곳이다.

결국 〈그림 17〉에서 전까지가 인간의 손길이 닿는 문명 세계다. 전을 벗어난 지역은 문명이 아닌 야만 세계다. 그러므로 용이 전에 모습을 드러냈다는 것은, 이제 간신히 문명과 야만의 경계를 넘어 문명 세계에 막 진입했다는 뜻이다. 아직은 문명의 중심지인 읍에 들어가지 못한 상태다. 그러므로 현룡은 잠룡에서 벗어나 처음으로 용의 모습을 갖췄지만 아직은 힘이 미약한 존재다. 역경은 이때 필요한 것이 대인大人을 만나는 일이라 조언한다.

건의 길 2단계의 현룡은 이제 막 문명 세계에 첫발을 내디딘 신출내기 상태이다. 아직 역량이 부족하므로 그를 잘 이끌어줄 선배나 상사, 스승을 만나는 것이 중요하다. 사리사욕 없이 그를 올바른 방향으로 이끌어줄 대인을 만나야 하는 것이다. 만약 이때 대인이 아니라 소인을 만나게 되면, 그가 끌고 가는 방향은 미숙한 현룡의 성장을 위한 길이 아니라 그 자신의 사리사욕을 채우기 위한 길일 터이니 유의할 일이다.

대인을 만나는 것이 이롭다는 조언을 다른 각도에서 보면, 혼자 열심히 노력하는 것으로는 일이 되지 않는다는 말이기도 하다. 그러므로 2단계에 놓인 사람은 자신을 올바른 방향으로 이끌어줄 수 있는 대인을 만나기 위해 찾아 나서는 것이 혼자 열심히 노력하는 것보다 더 중요하다는 사실을 명심해야 한다.

이 대목과 관련하여 항상 필자의 머릿속에 떠오르는 사람이 한 명 있다. 그 사람은 예전에 만났던 모 회사의 영업부장이다. 그녀는 영업의 귀재였는데 그 성공 비결은 그녀가 뿜어내는 긍정의 에너지였다. 그녀와 자리를 함께 한 사람들은 어느샌가 그 긍정의 에너지에 전염되어 저절로 행복하고 즐거워졌다. 그녀를 보고 있으면 이 세상에 대해 무언가 부정적인 생각을 갖는 것이 영 어색하고 이상한 일인 것처럼 느껴질 정도였다.

그런데 감탄하는 필자의 모습을 보고 그녀가 들려준 자신의 이야기가 있다. 그녀가 처음 사회생활을 시작한 곳은 모 회사의 총무부였다. 총무부에서 회계 업무를 담당했는데 매번 숫자가 틀렸다. 매번 과장에게 혼이 났으며 회사 업무는 그녀에게 큰 스트레스가 되었다. 어떻게든 실수 없이 계산을 맞춰보려 노력했지만 허사였다. 그녀는 점점 의기소침해졌고 자괴감이 들었다. 나는 바보인가, 남들은 금방 맞추는 숫자를 왜 나는 맞추지 못할까? 삶에 대한 자신감을 잃었다.

그러던 어느 날 총무부장이 그녀를 불러서는 영업부에 가서 영업을 한번 해보라고 권했다. 그리고 그녀의 인생이 바뀌었다. 그녀가 영업 일을 시작하고 나서 자신의 느낌이 어땠는지를 묘사하면서 한 말이 아직도 잊히지 않는다. 그녀가 영업부로 가서 일을 시작한 순간 자신감이 확 생겼는데, 그때부터는 누군가 자신을 황무지에 홀로 떨어뜨려 놓을지라도 자기는 자갈을 씹어 먹으면서라도 살아남을 수 있을 것이라는 배짱이 생기더라고 했다. 그리고 그녀가 이 말을 하던 순간에 활짝 피어나던 그녀의 표정 역시 아직도 잊히지 않는다. 한참의 세월이 흐른 뒤였건만 과거 자신에게 일어났던 변화를 회상하는 것만으로도 그녀의 표정은 환하게 피어났다. 그때 그녀에게 받은 인상이 강렬했기에 그 말과 표정이 아직도 필자의 기억 속에 생생히 남아 있다.

앞서 사람마다 결이 다르다는 얘기를 했는데, 이 영업부장의 사례는 사람이 살아갈 때 이 사회 구조 안에서 자신의 결을 살릴 수 있는 분야를 찾는 것이 중요하다는 사실을 잘 보여준다. 다른 모든 것을 떠나서 이 문제가 사람의 젊은 시절에 가장 중요하다. 이는 단지 사회적 성공과 실패를 말하는 것이 아니다. 평생에 걸쳐 매일 아침, 회사에 나가서 시달릴 생각, 혼날 생각을 하며 주눅 든 채 억지로 몸을 일으키는 것과 활기찬 하루를 예상하며 기분 좋게 일어나는 것의 차이를 말함이다. 삶

사상 체질: 나에게 새겨진 결

역경은 세상 만물을 64괘로 나누고 있으니 사람도 결국 64괘로 나눌 수 있다. 자신이 64괘 중 어디에 속하는지를 알면 아주 좋겠지만 이를 알아내려면 오래 걸린다. 대신 사상 체질이라면 쉽게 알 수 있다.

사상 체질은 동무 이제마가 역경을 연구한 결과 사람을 64괘로 세세히 구별하는 것보다 8체질(팔괘에 대응)이나 4체질(사상에 대

응)로 구별하는 것이 실효적이라 판단하여 정립한 체질 의학이다. 사상 체질이라면 휴대폰 앱을 이용해서 쉽게 테스트할 수 있다. '사상체질과 마음건강'이라는 필자가 개발한 앱이 있으니 관심 있는 분들은 한번씩 이용해보시기 바란다.

앞서 사례로 든 영업부장은 소양인의 기질이 강한 사람이다.

소양인은 기회를 포착하는 안목이 아주 예리하고 빠른 속도(순발력)가 강점이다. 남들이 보지 못하는 기회를 예리하게 포착하며, 두뇌 회전이 빠르기 때문에 판단도 빠르고 행동도 빠르다. 남들이 기회를 알아볼 때쯤이면 소양인은 이미 그에 대응한 행동까지 다 끝내놓는 식이다.

대신 반대급부로 지속력이 약하기 때문에 끈기 있게 마무리 짓는 면은 부족하다. 만약 소양인이 진득히 앉아서 숫자를 맞춰야 하는 회계 일을 하겠다고 들면 금세 기운이 빠져서 통 집중이 되지를 않는다. 그래서 예의 영업부장은 회계 일을 하는 동안 무력감에 빠졌던 것이다.

소양인은 예리한 안목과 순발력을 요하고, 승부가 빠르게 나는 일을 해야 한다. 방송(유튜브 포함), 스포츠, 영업, 판매, 사람을 직접 상대하는 서비스업, 사업 등이 천직이다.

에 대한 기본적인 자신감의 문제이며 이는 사회적인 성공과 실패를 떠난 문제이다.

자신의 결을 살릴 분야를 찾는 것은 사람에 따라 쉽기도 하지만 쉽지 않을 수도 있다. 그리고 스스로 그 분야를 찾는 것보다 경험이 앞서는 주위 사람이 조언을 해주면 더 쉬운 경우가 많다. 이처럼 조언을 통해 미숙한 현룡을 바른 방향으로 이끌어주는 사람이 건의 길 2단계에 등장하는 대인이며, 위 사례에서는 영업부에 가서 일을 해보도록 권한 총무부장이 그러하다. 이 총무부장과 같은 사람을 통상적으로는 귀인貴人이라고 말한다. 흔히 말하는 귀인이 역경에 등장하는 대인이라고 할 수 있다. 이 사례에서처럼 사람은 인생길을 가는 동안 몇 차례 대인을 만날 수 있는데, 역경의 세계에서도 대인은 군자가 여행길에서 만나게 되는 충실한 동반자요, 조력자로 등장한다.

한편 점인들의 관찰 결과 건의 길 2단계에는 대인을 만나라는 조언 하나만 남았다는 사실에 대해서도 생각해보자. 창업의 2단계, 건국의 2단계, 인생의 2단계를 위한 조언은 이것 말고도 무수히 많을 것이다. 하지만 점인들의 지속적인 검증을 통과해서 살아남은 조언은 이것 하나뿐이다. 이는 무엇을 의미할까?

예를 들어 창업의 2단계를 위한 조언은 여러 가지가 있을 수 있다. 그 조언들은 각각의 특수한 경우에는 들어맞을 수 있지만 모든 경우에 들어맞는 것은 아니다. 그러므로 내 경우에는 맞지 않을 수 있으니 창업의 2단계에서 듣게 되는 그 많은 조언을 모두 다 지켜야 하는 것은 아니다. 그중에는 나에게 맞는 것도 있고 맞지 않는 것도 있기 때문이다. 반면 점인들이 남긴 대인을 만나야 한다는 조언은 모든 경우에 들어맞는다. 그러므로 이는 반드시 지켜야 하는 철칙이다.

3단계: 홀로 서는 단계

 양 기운이 셋에 이르니, 군자의 상이로다. 종일終日 건乾하고 건하다가 저녁때는 조심하면 위태롭더라도 허물은 없으리라.

건의 길이 3단계에 이르니 양이 세 번째로 쌓임으로써 용의 역량이 더 강화되었다. 그에 따라 이제는 군자의 상이라 말한다. 군자는 〈그림 17〉에서 읍에 거주하는 존재다. 그러므로 3효에서 군자에 대해 말한다는 것은, 앞서 2효에서 전田에 모습을 드러냄으로써 문명 세계에 첫발을 내디뎠던 현룡이 이제 한 단계 더 성장해서 문명 세계의 중심인 읍내로 진입했음을 반영한다.

종일終日의 일日은 해다. 그러므로 종일이란 해가 떨어질 때까지, 즉 해가 떠 있는 낮 동안의 시간대를 가리킨다. 이때는 양 기운이 충만한 시간이다. 그러므로 양 기운의 상징인 용(여기서는 군자)에게 해가 떠 있는 낮이란 주변 여건이 자신에게 우호적인 상황을 의미한다. 이러한 시기에 군자는 적극적으로 나아가도 되며 응당 그리 해야 한다.

건乾은 여기서 동사로 쓰여서 '건의 도를 다한다' 정도의 의미가 된다. 건의 도는 자신의 성장을 추구하는 것이므로 "군자가 건하고 건한다"는 것은 열심히 성장을 추구한다는 말이다. 또한 "건은 강건한 것[乾 健也]"이라는 〈설괘전〉의 풀이처럼 군자가 강건한 태도로 성장을 추구한다는 뜻이기도 하다. 강건하다는 것은 의견의 대립이 있을 때 쉽게 물러서지 않고 자기의 주장을 강하게 펼쳐나가는 것을 말한다. 그러므로 군자가 해가 비치는 낮 동안에 건하고 건한다는 말은, 원래 지향했던 목표인 성장을 이루기 위해 이처럼 강건한 태도로 굳세게 노력하고 또 노력해야 한다는 말이며, 동시에 그렇게 무럭무럭 성장하고 있다는 말이기도 하다. 건의 도 3단계는 무럭무럭 성장하는 시기이며, 또 그러한 성장을 달성하기 위해 열심히 노력해야 하는 시기인 것이다.

2단계와 달리 대인을 만나라는 조언이 없는 것은 3단계에서는 스스로의 노력이 더 중요함을 의미한다. 2단계의 현룡은 본인의 역량이 아직 미약했기 때문에 자신을 잘 이끌어줄 좋은 선배·상사·스승을 만나는 것이 중요했다. 하지만 이제 한 단계 더 성장한 3단계의 군자는 스스로 성장을 이룰 역량을 갖췄기 때문에 주위의 도움보다는 본인의 노력이 더 중요하다.

〈상전〉은 건의 도에 대해 군자가 "스스로 굳세게 힘을 쓰면서 그칠 줄을 모른다[自彊不息]"고 풀이한다. 그러므로 특히 이 시기는 남들이 이래라저래라 하는 말에 귀 기울일 때가 아니다. 결국 자기가 갈 길은 자기 스스로 개척해야 한다는 뜻이다. 건의 길에서 3단계는 각자가 자기 인생을 열심히 살아야 하는 시기이며, 이 시기에는 열심히 사는 만큼 빠른 성장이 이루어지기도 한다.

단 위험한 순간이 있으며 그때는 조심해야 한다. 효사의 저녁[夕]이 위험한 순간을 상징하는 표현이다. 저녁은 해가 지는 때다. 즉 양 기운이 스러지고 음 기운이 강해지는 때다. 군자는 양 기운을 대표하는 존재이기에 음 기운이 강해지는 저녁은 군자에게 비우호적인 상황을 의미한다. 그러므로 이때는 군자도 조심해야 한다. 위험한 순간이 다가왔는데도 그런 줄 모르고 계속 나아가면 위기에 처할 수 있다. 대신 이런 순간에 조심하기만 하면 위태롭더라도 허물은 없을 것이라 한다.

이는 군자가 자기 성장을 이루기 위해 굳세게 노력하면서도 때와 장소를 살피는 자세를 갖춰야 함을 말하는 것이다. 자신에게 우호적인 상황과 비우호적인 상황을 구별할 줄 아는 지혜를 갖춰야 하는 것이다. "굳세게 힘을 쓰면서 그칠 줄을 모른다"고 해서 천둥벌거숭이처럼 천방지축이어서는 곤란하다. 대신 상황을 구별해서 대처하는 지혜가 갖춰졌다면, 설령 위태로운 일이 발생하더라도 허물은 없을 것이라고 격려하고 있다. 허물이란 상처가 아문 뒤에도 남는 흉터를 가리키는 말이다. 그러므로 허물은 없을 것이라는 말은, 당장은 상처를 입고 괴로워하는 아픔이 있을 수도 있겠지만, 시간이 지나면 그 상처는 흉터를 남기지 않고 깨끗하게 아물어서 두고두고 불명예로 남지는 않을 것이라는 말이다.

종합적으로 건의 길 3단계는 홀로 서서 스스로의 노력과 실천을 바탕으로 성장하면서 자기의 길을 개척해가는 시기다. 3단계에 이르러 대인을 만나라는 조언이 사라진 것은, 2단계와 달리 여기서는 남한테 기대려고 해서는 안 된다는 뜻이다. 자기의 성장 잠재력을 모두 펼치려면 처음에는 반드시 스승에게 배워야 하지만 나중에는 결국 홀로 서야 한다는 의미이다. 남에게 기대는 것으로는 자기 성장을 완수할 수 없기 때문이다. 결국 홀로서기가 필수인데 이 같은 홀로서기에는 위태로움이 따를 수밖에 없다. 이때 상황을 구별해서 대처하는 지혜가 갖춰졌다면 설령 위태로운 상황이 발생하더라도 허물로 남는 일은 없을 것이다. 그러므로 이러한 지혜를 갖추는 것이 스승으로부터 독립하여 홀로서기 위한 조건이다. 이를 통해 위기를 극복하고 나면 사람이 단단해진다. 이처럼 단단해졌을 때라야 비로소 홀로서기에 성공한 것이며 이로써 3단계를 완수하는 것이다.

4단계: 도약의 시기

 양 기운이 넷에 이르니, 간혹 (승천하려고) 연못에서 도약을 해야 허물이 없으리라.

4단계에서는 용이 승천하려고 도약을 해야 허물이 없다 말한다. 건의 길 4단계는 3단계의 위기를 극복한 후 찾아오는 도약의 시기다. 이때는 위기를 극복했다는 사실에 만족해서 안주하지 말고 도약을 감행하는 것이 중요하다. 여기서 "간혹[或]"이라는 말은 기회가 왔을 때 그렇게 하라는 말이다. 도약이란 지금까지 발을 딛고 서 있던 땅에서 펄쩍 뛰어올라 한 단계 위의 새로운 차원으로 올라서는 것을 말한다. 용이 도약에 성공하면 구름을 딛고 하늘에 오르게 된다. 그 후 용은 더는 지상을 기어다니지 않게 된다. 이전과는 다른 차원에서 살게 되는 것이다.

역경은 4단계에서 이 같은 도약을 시도하라 조언한다. 반면 앞서의 3단계에서 도약을 시도하는 것은 금물이다. 4단계에 이르면 양효가 하나 더 놓임으로써 군자의 역량이 더 강화된다. 이는 3단계에서 부지런히 성장을 이룬 결과다. 도약은 반드시 이런 탄탄한 성과를 바탕으로 한 연후에 시도할 수 있는 것이며, 4효사에 등장하는 연못이 바로 그 탄탄한 성과를 상징하는 것이다. 이 연못은 용에게 안전한 공간으로 용연龍淵을 가리킨다. 연못에서라면 도약을 시도하다 실패해서 나동그라지더라도 치명상을 입지 않는다. 망신스럽기는 하겠지만 툭툭 털고 일어나 기운을 차린 후 다시 도전하면 그만이다. 몇 번 시도하면 성공할 수 있을 것이며, 성공하면 하늘로 오르게 된다.

그러므로 용에게는 반드시 자기 연못이 있어야 한다. 이 같은 용연은 건의 길 2·3·4단계에 걸쳐서 완성되는 것이다. 그러므로 사람이 젊은 시절에 해야 할 일은 우선 대인을 만나서 배우고(2단계) 홀로서기(3단계)를 달성하는 일이다. 그다음 4단계에 이르면 도약을 하기 위한 발판이자 안전지대가 되어 줄 용연을 구축하는 것이다. 그런 뒤에는 현실에 안주하지 말고 박차고 도약해야 한다. 만약 4단계에 이르렀는데도 도약을 시도하지 않으면 그 사람은 자기 인생의 소임을 달성할 수 없다. 만약 인생에서 뭔가 이루고 싶은 것이 있다면 4단계에서는 도약을 시도해야 하는 것이다.

이는 세속적인 성공만을 말하는 것이 아니다. 4단계의 도약은 앞서 2장에서 살펴본 바와 같이 지도地道로부터 천도天道로의 도약이다. 그러므로 예를 들어 영혼의 성장을 이루고자 하는 경우 그 여정에서 4단계에 이르면 땅의 세계에서 펄쩍 뛰어올라 하늘의 세계에 이르러야 하는 것이다. 신화학자 조지프 캠벨은 신화에 등장하는 영웅이 바로 우리 자신이라는 사실을 적절하게 지적한 바 있다. 내가 나의 인생을 온전하게, 나에게 주어진 잠재력을 전부 발휘하고 사는 것, 이것이 바로 신화에 등장하는 영웅의 업적이라는 얘기다. 그러므로 자신의 인생을 충실하게 살아낸다는 것, 자신의 인생에 부여된 잠재력을 전부 발휘해서 온전한 삶을 산다는 것은 단순한 얘기가 아니다.

흔히 팔자타령을 많이 하지만 사실 팔자가 꼬이는 것이 문제이지 팔자 자체는 누구에게도 부족하지 않다. 건의 길 2단계에서 대인을 만나지 못하는 것, 3단계에서 홀로 서지 못하는 것, 4단계에서 도약하지 못하는 것 등이 모두 팔자가 꼬이는 사례에 해당한다.

특히 역경이 한 차원 높은 세계로 뛰어오르는 도약을 땅(연못)에서 하늘로의 승천에 비유한 것은 나름의 함의가 있다. 점인들의 관찰 결과 그 전과 후는 하늘과 땅 차이라는 것이다. 인생의 4단계가 왔는데 도약을 시도하지 않으면 용은 하늘로 오를 수 없다. 평생 땅 위를 기어다니다 생을 마쳐야 한다. 이는 용의 온전한 삶이 아니기에 유의할 일이다.

5단계: 절정의 시기

 양 기운이 다섯에 이르니, 날아야 할 용이 비로소 하늘에 오른 상이로다. 대인을 만나야 이로우리라.

4단계의 도약이 성공해서 용이 드디어 하늘에 올랐다. 비구름을 몰고 하늘을 훨훨 날아다니는 진정한 용의 삶을 살게 된 것이다. 이제 용의 온전한 삶을 누리면 된다. 여기서 흥미로운 점은 또다시 대인을 만나라는 조언이 등장하는 것이다. 지난 3단계와 4단계에서는 대인을 만나라는 조언이 없었다. 이는 3단계와 4단계의 소임이 혼자 할 몫이라는 말이다. 4단계의 도약역시 누가 도와줄 수 있는 성질의 일이 아니었다. 어디까지나 군자가 자강불식할 일인 것이다.

이에 비해 2단계와 5단계에서는 독불장군처럼 혼자 하고자하면 실패하며, 반드시 대인을 만나 조력을 얻어야 성공할 수있다고 말한다. 단 양자의 성격은 조금 다르다. 지난 2단계에서 필요한 대인이 미약한 자신을 이끌어줄 선배·상사·스승이라면, 5단계의 대인은 이제 하늘에 오른 주인공의 리더십을 보완해줄 현명한 참모나 후원자다.

2단계와 5단계에서 대인을 만나는 것이 중요한 이유는 이렇게 생각할 수도 있다. 2단계와 5단계는 모두 용이 새로운 차원으로 막 올라선 시기다. 2단계는 전⽥이라는 문명 세계의 외곽에 새로이 진입한 시점이고, 5단계는 지상을 떠나 하늘로 올라간 시점이다. 용으로서는 익숙지 않은 새로운 차원에 진입한 시기이므로, 5단계에서도 역시 타인의 조력이 절실히 필요한 것이다. 여기에서도 대인을 만나라는 조언 하나만이 남았다는 사실 또한 주목할 만하다.

6단계: 과잉의 단계

극상의 자리에까지 양 기운이 이르니, 항룡의 상이로다. 후회가 있으리라.

6단계에서는 항룡亢龍이 등장한다. 항룡의 항亢은 높을 항인데 그 자형을 보면 한 일一 위에 점 주丶를 덧대어 그 어떤 위치보다도 하나 더 높은 곳을 나타낸다. 그러므로 항룡은 비룡으로서 하늘을 나는 것에도 만족하지 못하고 한 단계 더 높은 곳까지 올라간 용을 가리킨다. 도약을 감행하기 전 지상 세계에 머물던 3단계에서는 하늘을 올려다보며 비룡의 삶을 꿈꾸었다. 도약에 성공해서 하늘에 올라 비룡의 삶을 살 수만 있다면 더 바랄 것이 없으리라 생각했다. 그런데 막상 하늘에 올라와 보니 자기 옆에 다른 비룡들이 있는 것이다. 비룡으로서의 삶에 익숙해지자 이제는 저들보다 더 높은 곳에 오르고 싶은 욕심이 발동한다. 결국 그 욕심으로 인해 한 단계 더 높은 곳까지 올라간 용, 극상의 자리인 6단계까지 올라간 용이 항룡이다. 역경은 그 같은 항룡에게는 후회가 따를 것이라 경고한다.

이는 이카로스의 날개를 떠올리게 하는 대목이다. 그냥 하늘을 나는 것에 만족하지 못하고 더 높은 곳까지 올라가다가 태양에 너무 가까워져서 날개의 밀랍이 녹아내려 추락하고 마는 것이다. 항룡은 이처럼 과욕을 부린 용이다. 용의 잠재력은 5단계에서 모두 발휘되었다. 비룡이 비구름을 몰고 나타나 지상을 내려다보며 호령하면, 지상의 미물들은 덜덜 떨며 비룡을 숭배한다. 용은 자신의 잠재력이 실현된 5단계에서 만족하고 삶을 누렸으면 가장 좋았다. 하지만 항룡은 여기에 만족하지 못하고 더 높은 곳으로 올라가려고 한 것이다. 우리가 속한 우주는 이러한 과욕을 용납하지 않고 반드시 응징하는 쪽으로 결이 나 있다. "후회가 따를 것"이라는 역경의 경고는 바로 이러한 우리 우주의 결을 반영한 것이다.

역사의 기록을 점검하고, 또 당신 자신이 경험한 테두리 안에서 일어난 일들을 회상하면서 사적인 삶이나 공적인 경력에서 대단한 불행을 겪은 사람들 거의 모두가 어떻게 행동했는지 주의 깊게 생각해보라. 그들에 대해 당신이 읽었거나 전해 들은 내용이든, 당신의 기억 속에 남아 있는 사람들이든 그들 모두에 대해서 말이다. 그들 가운데 절대다수가 겪은 불행은 형편이 좋았을 때, 다시 말해 가만히 앉아 자족했더라면 그저 좋았던 때를 그들이 몰랐기 때문에 생겨났다는 사실이 드러날 것이다.

《도덕감정론》 3부 3장

이상은 경제학자이자 도덕철학자였던 애덤 스미스Adam Smith 의 말이다. 결국 불행한 사람들의 절대다수는 성취 자체가 부족한 것이 아니라 과욕을 부린 사람이라는 말이다. 즉 5단계 비룡에서 멈추어 자족했더라면 좋았을 것을 6단계로 올라서려고 과욕을 부렸기 때문에 불행에 빠졌다는 것이다. 필자가 보기에도 불행한 사람들의 대다수는 역시 이런 사람들이 아닌가 싶다. 필요한 성취는 다 이루었음에도 적절할 때 멈추지 못한 사람들, 마지막 하나를 더 욕심내다가 이카로스처럼 추락하고 만 사람들 말이다.

사실 역경이 6단계로 항룡의 단계를 둔 것은, 웬만한 사람들은 결국 6단계까지 가고 만다는 현실을 반영한 것이다. 역경이 건괘 6효사를 읽는 이들에게, "당신, 아마 6단계까지 가고 말걸. 하지만 후회하게 될 거야"라고 말하는 느낌이랄까?

사람이 과잉으로 치닫는 이유

앞으로 살펴보겠지만 역경 64괘의 대부분에서 6단계는 과잉의 단계다. 인간은 대부분 과잉으로 치닫는다는 말이다. 왜 그럴까? 왜 꼭 그런 결과로 귀결되는 것일까? 동양학은 이를 오운육기론五運六氣論으로 설명한다. 오운육기론을 풀어 설명하는 것은 이 책의 범위를 벗어나는 일이므로, 적절한 참고도서로《우주 변화의 원리》[3]를 소개하는 것으로 대신하며, 여기서는 간략히 그 취지만 설명하고자 한다.

고대 동양인들은 우리가 속한 우주를 관찰한 결과 우주가 목·화·토·금·수라는 다섯 가지 기운의 결을 지닌다는 사실을 읽어냈다. 흔히 말하는 오행론이 그것이다. 하지만 얘기는 여기서 끝나지 않는다. 우리 우주가 오행으로 이루어졌다는 것은 순수한 하늘의 세계에 적용되는 얘기다. 하늘의 세계에서는 오행이 순수한 다섯 가지 기운 그대로 남아 있지만, 땅 위로 내려오면 얘기가 달라진다.

지구는 지축이 똑바르지 않고 23.5도 기울어져 있다. 이 때문에 춘하추동 사계절의 변화가 생기며 24절기가 순환하게 된다. 추가로 주목해야 할 사실은 지축의 경사로 인해 하늘과 땅의 시차가 발생한다는 점이다. 1년 중 태양이 비치는 시간이 가장 긴 때는 하지夏至로 6월 21일경이다. 하지만 1년 중 가장 더운 때인 대서大暑는 7월 21일경으로 한 달 정도의 시차가 있다. 더위는 계속 이어져서 입추立秋가 지난 8월에도 여전히 덥다. 심지어 9월에도 매미가 운다. 결국 지상 세계에서는 더위가 하늘보다 더 길게 이어진다.

이는 지상 세계가 하늘의 도와 어긋난다는 사실을 보여준다. 지상 세계가 하늘의 도와 일치한다면 하지인 6월 21일경에 가장 더워야 하기 때문이다. 결국 이 땅의 기준 축인 지축이 바로 서지 못해 지상 세계는 하늘의 기운을 순수한 상태 그대로 받아들이지 못하고 시차가 발생한다. 즉 하늘의 기운이 이 땅 위로 내려올 때는 하늘에서와 같이 펼쳐지지 못하는 것이다. 이는 우리가 발을 디딘 이 지상 세계가 일정 정도 타락했다는 말이기도 하다. 결국 우리가 발을 디딘 이 땅의 지축이 바로 서지 못하고 비뚤어짐으로써 지상 세계는 하늘에서와 달리 온갖 모순이 존재하는 세상이 되었다. 살덩이와 영성을 동시에 갖춘 인간의 존재 역시 그러한 모순 중의 하나라고 할 수 있다.

지상 세계는 그 타락으로 말미암아 타오르는 불덩이 하나를 더 만들어내기도 했다. 이를 상화相火라고 부른다.[4] 결국 지상 세계에는 목·화·토·금·수 다섯 기운이 아니라 목·화·상화·토·금·수의 여섯 기운이 존재하는 것이다. 이로써 화火가 전체의 20퍼센트(5분의 1)가 아니라 33퍼센트(6분의 2)를 차지하게 되었고, 이 때문에 하지가 지나고 나서도 한참 동안 더위가 길게 이어지는 것이다. 이처럼 지상 세계는 하늘에서와 달리 불덩이가 두 개 존재하기 때문에 어느 곳이나 활활 타오르고 있다. 석가모니 역시 눈을 두는 곳 어디나 활활 타오르는 모습을 볼 수 있다고 말씀하셨다.

상화의 존재는 인간에게도 영향을 미친다. 순수한 하늘의 기운인 목·화·토·금·수 오행에서는 양과 음이 2 대 2로 균형을 이룬다(토는 중성). 하지만 상화가 존재하는 지상 세계에서는 양과 음이 3 대 2로 불균형을 이룬다(이를 삼양이음三陽二陰이라고 부른다). 이는 인간도 음과 양이 조화롭지 못하고, 삼양이음으로 양 기운에 치우친 존재라는 말이다. 이처럼 과다한 양 기운은 항상 우리에게 영향을 미친다. 그로 인해 나타나는 현상 중 하나는 우리들 인간이 언제나 희망 과잉, 의욕 과잉 상태에 놓여 있다는 사실이다. 그 때문에 인간은 절망적인 상태에서도 희망을 부여잡고 다시 일어서곤 한다. 이는 긍정적인 측면이다. 하지만 부정적인 측면도 있는데 그것은 의욕 과잉이 지나치면 과욕이 되고, 탐욕이 된다는 사실이다. 인간이 쉽사리 탐욕에 빠지고 마는 것은 바로 이 때문이다.

앞서 언급했던 김흥호는 예수와 공자가 6단계에서 진정한 성인의 도를 성취했다고 설명한다. 필자는 이 같은 김흥호의 해석이 타당하다고 생각한다. 왜냐하면 성인은 해탈한 존재이기 때문이다. 석가모니는 해탈이 어떤 상태인지 여러 가지 비유를 들어 설명하곤 했는데, 그중 하나는 해탈이 불을 끈 상태와 같다는 것이다. 동양학의 시각에서 보면 불을 끈다는 것은 상화를 끈다는 말이다. 지상 세계의 타락으로 빚어진 상화라는 두 번째 불덩이, 그 과잉의 불을 끔으로써 순수한 하늘의 기운(오행)으로 돌아가 양과 음이 2 대 2로 균형을 이룬 상태, 이것이 해탈이라고 할 수 있다. 성인은 해탈함으로써 상화를 끈 존재이기 때문에, 그에게는 과욕이 존재하지 않는다. 그러므로 성인은 6단계로 나아가더라도 과잉에 이르지 않는 것이다. 하지만 성인이 못 되는 우리가 6단계까지 나아가는 것은 상화, 즉 과욕 때문이다. 그러므로 보통 사람들은 5단계에서 멈춰야 한다. 하지만 역시 쉬운 일이 아닐 것이다.

목표와 목적의 구분

양 기운 전체를 한꺼번에 보자면, 모습을 드러낸 군룡群龍의 상이니, 우두머리 자리를 다투지 않아야 길하리라.

역경의 6단계

역경에 따르면 인간 세상에서 벌어지는 변화는 어떤 것이든 6단계를 거치는데, 지금까지 살펴본 건의 길이 그러한 6단계의 전형에 가깝다. 이를 요약하면 다음과 같다.

1단계: 준비기

2단계: 새로운 시작과 이후 배움을 통한 성장기

3단계: 실천을 통한 성장과 위기의 단계

4단계: 도약의 시기

5단계: 절정의 시기

6단계: 과잉의 단계

역경이 제시하는 1단계는 시작기가 아니라 준비기다. 어떤 일이 시작되기 전의 준비가 중요하다고 보는 것이다. 2단계는 시작하고 나서 타인에게 배우는 것을 통해 성장하는 시기다. 3단계는 홀로 서서 스스로의 노력과 실천을 바탕으로 성장하는 시기이며, 위기가 빚어지는 단계다. 위기를 극복하고 나면 단단해진다. 홀로서기에 비로소 성공한 것이다. 4단계는 도약의 시기다. 3단계에서 홀로서기에 나서서 위기를 극복하고 나면 도약의 시기가 찾아오는 것이다. 이것이 성장의 리듬이다. 이때는 위기를 극복했다고 안주할 것이 아니라 용연을 완성한 후 도약을 감행하는 것이 중요하다. 5단계는 용이 하늘에 오른 절정기다. 여기서 용의 잠재력이 비로소 온전히 실현된다. 6단계는 과도한 욕심 때문에 더 높이 오르려다 절정에서 추락하는 단계다. 절제력을 발휘해 5단계에 머무는 것이 최선이다. 그러나 인간의 욕심으로 인해 상당수가 6단계까지 가고 만다.

이상은 전형적인 경우를 제시한 것이다. 각각의 길에 따라서는 준비기 없이 시작하는 경우도 있고, 위기가 3단계가 아닌 4단계에서 빚어지는 경우도 있으며, 때에 따라서는 6단계에서 절정에 이르는 경우도 있다.

건괘는 다른 괘와 달리 여섯 양효 전체의 상을 보고 총평하는 효사가 하나 더 달려 있다. 여기서 군룡은 무리를 이룬 용이라는 뜻으로, 1효의 잠룡에서 6효의 항룡까지 여섯 마리의 용 전체를 가리키는 표현이다. 건의 길을 한 사람의 인생에 대입해보면 혼자서 여섯 단계를 순차적으로 밟아나가겠지만, 회사나 조직의 성장 과정에 대입해본다면 그 조직 안에는 잠룡부터 항룡까지 여러 단계의 용이 같이 존재할 수 있다. 즉 군룡이 모습을 드러낸 상태가 되는 것이다. 이에 대해 역경은 그 군룡들이 "우두머리 자리를 다투지 않아야 길할 것"이라고 말한다. 사실 어느 조직이나 군룡들이 주도권 다툼을 벌이다 망가지는 경우가 많다. 그러므로 역경이 이를 경계한 것이다.

건의 길은 으뜸으로 형통하리라. 정貞해야 이로우리라.

건의 괘사에 쓰인 '정貞하다'는 표현은 처음 품었던 뜻을 올곧게, 굳게 지킨다는 의미로 쓰인 것이다. 그 의미를 우리말로 명쾌하게 옮기기 어려워서 필자는 '정貞하다'는 표현을 그대로 사용한다. 어쨌든 건의 길을 나아갈 때는 처음 품었던 뜻을 올곧게, 굳게 지키는 것이 이로운 결과를 가져올 것이라는 조언이다.

그렇다면 건의 길에서 처음 품었던 뜻을 올곧게, 굳게 지킨다는 것은 구체적으로 어떤 것일까? 이는 처음 건의 길을 출발할 때 품었던 목적을 잊지 말고 계속해서 굳게 고수하라는 의미다. 건은 성장에 대해 말한다. 그러므로 무엇을 위해 성장하려는 것인지, 그 성장의 목적을 잊지 말고 고수하는 것이 정한 것이며, 역경은 그래야 길하다고 말하는 것이다.

어째서 이러한 조언이 나온 것일까? 이를 알기 위해서는 건의 길을 걸을 때 가장 중요한 사항이 무엇인지 생각해볼 필요가 있다. 건의 길에서 가장 중요한 사항은 자신이 지금 4단계에 있는지 5단계에 있는지를 정확히 판단하는 것이다. 자신이 지금 4단계에 있다면 도약을 감행하는 것이 중요하다. 하지만 지금 자신이 놓인 곳이 4단계가 아니라 5단계라면 도약이라고 생각한 행위가 재앙이 될 수 있다. 이처럼 현재의 위치가 어디 인가에 따라 판단이 완전히 달라진다.

앞서 애덤 스미스가 관찰한 바와 같이, 사람들의 대다수는 객관적인 성취 자체가 부족하기 때문이 아니라 멈추어 자족하 지 못했기 때문에 불행에 빠진다. 그런데 문제는 멈추었으면 좋았을 그때를 당시에는 알지 못하고, 추락한 후에야 알게 된 다는 점이다. 정작 당시에는 자신이 4단계에 있으니 도약을 감 행하는 것이 타당하다고 생각할 수도 있는 것이다. 어떻게 하 면 '그때'를 정확히 판단할 수 있을까?

성장의 목적을 잊지 않고 고수하는 것이 중요한 이유가 바 로 여기에 있다. 어디까지나 성장 자체는 목적이 될 수 없다. 우리나라가 경제성장으로 국민소득 4만 달러 달성을 목표로 삼는다고 할 때, 이는 목표지 목적이 아니다. 누군가 돈을 벌고 싶다고 하면 이는 목표지 목적이 될 수 없다. 돈은 인생에서 원 하는 어떤 가치를 실현하기 위한 물질적 토대를 갖추는 수단 이지, 그 자체가 목적은 아니기 때문이다. 하지만 주변에서 흔 히 부자가 되는 것 자체를 인생의 목적으로 여기는 경우들을 본다. 6단계의 항룡 역시 이런 경우라고 할 수 있다.

용의 잠재력은 비룡에서 이미 실현되었다. 용이 1단계의 잠룡이던 시절 그리던 꿈, 문명 세계에 막 진입했던 2단계 현룡이 품었던 이상은 비룡이 되는 것이었다. 그동안 줄기차게 성장을 추구한 것은 오직 비룡이 되고자 하는 목적 때문이었다. 비구름을 몰고 하늘을 훨훨 날아다니는 비룡, 이것으로 용의 잠재력이 실현되어 100퍼센트 온전한 용의 삶을 살게 된다. 용의 목적이 달성된 것이다. 그런데도 비룡은 더 성장하고자 한다. 성장에 중독되어 이제는 성장 자체를 목적으로 삼는 것이다. 이런 경우가 건의 괘사에서 말하는 '정貞하지 못한' 경우에 해당한다.

이는 목표와 목적을 혼동함으로써 빚어진 본말 전도라고 할 수 있다. 필자는 앞서 인간은 상화의 작용 때문에 의욕이 과욕 또는 탐욕으로 발전하기 쉽다고 설명했다. 목표와 목적을 혼동하는 본말 전도가 빚어지는 것 역시 이러한 상화의 작용 때문인 듯하다. 그런데 이처럼 목표를 목적이라 착각하게 되면, 4단계와 5단계를 구분할 수 없게 되고, 결국 멈추어야 할 때를 알 수 없게 된다. 결국에는 6단계의 과잉으로 치달아 추락하고 만다. 이 같은 사태를 방지하려면 나의 목적은 무엇이고 목표는 무엇인지 구분해서 인식하는 노력이 필요하다. 내가 정말 원하는 인생의 목적은 무엇인가?

필자는 배철수 씨의 인터뷰를 보고 이 질문에 한 가지 힌트를 얻었다. 그는 소원이 무엇인지 묻는 질문에 지금의 삶 그대로가 최대한 길게 이어지는 것이 소원이라고 대답했다. 과거에 그는 당대 최고의 스타 가수였으나 지금은 라디오 디제이로서 〈배철수의 음악캠프〉를 진행하는 일을 한다. 그는 자신이 좋아하는 노래를 선곡해서 애청자들에게 설명하는 일이 즐겁고, 그 노래가 나가는 동안 커피 한 모금 마시는 시간이 그렇게 행복할 수가 없다고 말했다. 그러므로 지금의 삶 그대로가 최대한 길게 이어지는 것밖에는 바라는 것이 없다는 말이다. 그의 말을 듣고 필자는 '과연 정말 행복한 사람이 바라는 소원은 저것 외에는 없겠구나' 하는 생각을 했다.

그는 과거에 최고의 스타 가수였으니 본인이 직접 음악을 하겠다는 욕심을 낼 법도 한데 그러지 않았다. 자신은 음악이 좋아서 즐기는 것이지, 자기가 꼭 그 음악의 주인공으로 무대의 스포트라이트를 받아야 하는 것은 아님을 깨달은 듯하다. 배철수 씨는 건괘 5단계에 머물 줄 아는 보기 드문 사람이다.

가만히 생각해보면 우리가 인생에서 진정 바라는 것은 그리 대단한 것이 아니다. 하늘이 자신에게 부여한 잠재력을 100퍼센트 발휘하며 사는 것, 바로 그것이 5단계 비룡의 성취며 앞서 언급했던 신화 속 영웅의 성취다. 그러므로 사람에게는, 하늘이 자신에게 부여한 잠재력이 무엇인지, 자신이 진정으로 원하는 바가 무엇인지를 아는 것이 가장 중요하다. 자신이 진정으로 원하는 바를 꼭 붙들고 가라는 것이 건의 괘사에서 말하는 '정(貞)해야 한다'는 말의 의미다. 남들의 평가가 어떠하든 흔들리지 말고 꼭 붙들고 가야 한다. 이렇게 정하면 자신이 인생에서 4단계에 있는지 5단계에 있는지 알 수 있고, 정하지 못하면 항룡의 후회에 이르고 말 것이다.

자신의 단계를 판단하는 것

건괘가 보여주는 성장의 법칙은 그 적용 범위가 넓다. 이를 필자가 가깝게 지내던 지인 사업가의 경우에 적용했던 사례를 소개하고자 한다.

어느 날 사업을 하는 그 지인에게 큰 투자를 할 의향이 있다는 사람이 나타났다. 그 일로 지인은 고민에 빠졌다. 투자를 받으면 사업을 대폭 확장하게 될 것인데 지인의 사업은 기존에도 착실한 성과를 내고 있었으므로 굳이 투자를 받아서 사업을 확장하는 것이 맞는 선택인지 알 수 없어 고민이라는 것이다.

그는 필자에게 이런 경우 도움이 될 만한 말이 역경에 있느냐고 물었다. 필자는 지인의 사례는 건괘에 해당하며 자신이 현재 4단계에 있는지 5단계에 있는지를 판단하면 된다고 말씀드렸다. 만약 그 지인이 4단계에 있다면 지인의 현재 사업은 용연에 해당한다. 그렇다면 도약을 감행하는 것이 중요하므로 투자를 받아들여 사업을 대폭 확장하는 것이 맞다. 하지만 지인이 5단계에 있다면 사업 확장은 도약이 아니라 항룡을 자초하는 것이 된다.

따라서 4단계와 5단계를 구분하는 것이 중요한데 이를 구분하려면 자기가 정말 바라는 것이 무엇인지 삶의 목적을 알아야 한다고 말씀드렸다. 또한 자기 삶의 목적이 무엇인가 스스로 물을 때 목표와 헷갈리는 경우가 많으니 진지하게 생각해보시라, 자기 삶의 목적이 무엇인지 분명히 알게 되면 지금 멈춰야 하는지 도약해야 하는지 알게 될 것이라고 말씀드렸다. 그리고 건괘의 용구도 상기시켜드렸다. 큰 투자를 받아 회사에 대주주가 새로이 들어서면 우두머리 자리를 다투는 상황이 벌어질 수도 있겠기에 말씀드린 것이다.

지인은 며칠의 고민 후 도약을 선택했다. 투자를 받아들여 사업을 대폭 확장한 것이다. 그 후 지인은 전과는 차원이 달라진 대규모 회사를 경영하는 일에 정열을 불태웠다. 그의 선택은 옳은 것으로 보였다. 그런데 어느 날부터 그 투자자가 회사의 경영에 간섭하려는 태도를 보이기 시작했다. 역경이 경계한 대로 우두머리 자리를 다투는 상황이 벌어진 것이다.

갈등이 심해지자 지인은 자신의 선택을 후회하는 듯했고, 갈등이 장기화하면서 지인은 고심 끝에 그 투자자의 지분을 인수할 다른 투자자를 물색하기 시작했다. 쓰디쓴 실패의 경험을 토대로 이번에는 경영에 간섭하지 않을 것을 최우선 조건으로 신중하게 찾았고, 다행히 안성맞춤의 투자자를 찾을 수 있었다. 기존의 투자자는 일정 수익을 얻고 자신의 지분을 팔고 떠났으며 이를 새로 인수한 투자자는 이후 줄곧 지인의 경영 방침을 존중하고 있다.

그 지인은 이제 비로소 5단계의 대인을 만난 것이다. 필자는 이 사례를 접하기 전까지 5단계의 대인은 비룡의 리더십을 보완해줄 후배·부하·참모라고만 생각했다. 하지만 이 사례를 접하고 나서 또 다른 유형의 후원자가 있을 수도 있음을 깨달았다.

법정 스님의 인연과 주역

법정 스님이 남기셨다고 전하는 다음의 글이 사람들 사이에 자주 회자된다.

함부로 인연을 맺지 마라. 진정한 인연과 스쳐 가는 인연은 구분해서 인연을 맺어야 한다. 진정한 인연이라면 최선을 다해서 좋은 인연을 맺도록 노력하고, 스쳐 가는 인연이라면 무심코 지나쳐버려야 한다. 그것을 구분하지 못하고 만나는 모든 사람들과 헤프게 인연을 맺어놓으면, 쓸 만한 인연을 만나지 못하는 대신에 어설픈 인연만 만나게 되어 그들에 의해 삶이 침해되는 고통을 받아야 한다.

인연을 맺음에 너무 헤퍼서는 안 된다. 옷깃을 한 번 스친 사람들까지 인연을 맺으려고 하는 것은 불필요한 소모적인 일이다. 수많은 사람들과 접촉하고 살아가고 있는 우리지만, 인간적인 필요에서 접촉하며 살아가는 사람들은 주위에 몇몇 사람들에 불과하고, 그들만이라도 진실한 인연을 맺어놓으면 좋은 삶을 마련하는 데는 부족함이 없다.

진실은, 진실된 사람에게만 투자해야 한다. 그래야 그것이 좋은 일로 결실을 맺는다. 아무에게나 진실을 투자하는 건 위험한 일이다. 그것은 상대방에게 내가 쥔 화투패를 일방적으로 보여주는 것과 다름없는 어리석음이다. 우리는 인연을 맺음으로써 도움을 받기도 하지만 그에 못지않게 피해도 많이 당하는데, 대부분의 피해는 진실 없는 사람에게 진실을 쏟아부은 대가로 받는 벌이다.

윗글에서 스님은 인연은 함부로 맺는 것이 아니라고 말씀하신다. 그리고 진실 역시 함부로 쏟아붓지 말라고 하신다. 진실은 진실된 사람에게만 투자해야지 아무에게나 함부로 진실을 쏟으면 그 대가를 치르게 된다는 말씀이다. 이 글이 사람들 사이에 많이 회자되는 건 그만큼 많은 사람이 이 말에 공감하기 때문일 것이다.

그런데 역경이 스님의 말씀과 똑같은 취지의 가르침을 전하고 있어서 흥미롭다. 역경에는 비인非人이라는 존재가 등장하는데, 여기서 비인이란 사람이 아닌 사람을 말한다. '어찌 사람이 저럴 수 있나, 사람도 아니다'라고 할 법한 자를 이르는 말이다. 역경에는 이 비인이 여러 번 등장한다. 이는 이 세상에 사람 아닌 사람이 꽤 많다는 이야기다. 최소한 역경이 보기에는 그렇다는 것이다. 그렇다면 우리는 이들 비인을 어떻게 대해야 하는가?

역경은 비(12)의 괘사를 통해 "비인과는 말을 섞지 말라"고 한마디로 가르친다. 아예 말을 섞지 말아야 하며 다른 어떤 시도도 바람직하지 않다는 것이다. 왜 그럴까? 역경의 이 조언은 다음과 같은 공자의 가르침을 생각하면 그 취지를 이해할 수 있다.

> 더불어 말을 나눌 만한 사람인데 더불어 말을 나누지 않으면 사람을 잃게 되고, 더불어 말을 나눌 만하지 않은 사람인데 더불어 말을 섞으면 할 말을 잃게 된다.
>
> 《논어》〈위령공衛靈公〉7장 1절[5]

더불어 말을 나눌 만하지 않은 사람이 바로 비인이다. 이런 비인과 더불어 말을 섞으면 결국 할 말을 잃게 된다는 것이다. 이런 경험을 누구나 해보지 않았을까? 역경은 사람이 아닌 사람에게 조언하거나 타협을 시도해봐야 결국 기가 막혀서 할 말을 잃게 될 뿐이니 아예 말을 섞지 않는 것이 최선의 대응책이라고 조언하는 것이다.

책을 묶은 가죽끈이 세 번 끊어지도록 역경을 읽었던 공자의 가르침은 이처럼 많은 대목에서 역경과 일맥상통한다. 아울러 진실은 진실된 사람에게만 투자해야 한다는 법정 스님의 조언 역시 그러하다. 왜 그럴까? 그것은 근본적인 가르침이기 때문이다. 근본적인 가르침이라면 모든 가르침이 결국 같기 때문이다.

필자가 이러한 내용을 강의하면 간혹 비인과 말을 섞지 않는 대응법에 대해 이기적인 태도가 아닌가 하고 의문을 제기하는 분들이 있다. 이와 관련하여 참고할 만한 공자의 에피소드가 있다.

호향互鄉 사람들은 더불어 말을 나누기 어려운 존재였는데, 그곳의 동자가 공자를 뵙자 문인들이 의아하게 생각했다. 이에 공자께서 말씀하시기를, 나아지면 함께하는 것이고 퇴보하면 함께하지 않는 것이다. 어찌 동자를 심하게 대하겠느냐? 사람이 자기를 정결히 하여 나아지면 그 정결함을 함께하는 것이며 과거의 일은 담아두지 않는 것이다.

《논어》〈술이述而〉29장[6]

당시 호향 사람들은 무언가 큰 잘못을 저질렀는지 더불어 말을 나누기 어려운 존재로 치부됐다. 공자의 기준에 따르면 그들과는 말을 섞지 말아야 한다. 그런데 공자가 그곳에서 찾아온 동자를 만나주고 더불어 말을 나누니 문인들이 의아하게 생각한 것이다. 이에 대해 공자는 사람이 자기를 정결히 하여 나아짐이 있으면 그 정결함을 함께하고 과거의 일은 담아두지 않는 것이라고 했다. 여기서 과거의 일이란 그가 어느 지연·혈연·학연에 속하는지, 어느 파벌에 속하는지 등을 말할 것이다.

오늘날의 한국인들은 공자의 가르침과 반대로 하고 있는 것이 아닐까? 같은 지연·혈연·학연에 속하고 같은 파벌에 속하면 더불어 말을 나눌 만하지 않은 사람과도 말을 나누고, 그가 다른 연줄, 다른 파벌에 속하면 더불어 말을 나눌 만한 사람이라도 말을 나누지 않는 것이 오늘날 우리의 모습이 아닐까? 이렇게 생각해보면 공자의 가르침이나 법정 스님의 조언이 이기적인 태도와는 거리가 멀다는 사실을 알 수 있다.

이 세상은 두 세계로 이루어져 있다

상경의 세계와 하경의 세계

역경은 상경上經과 하경下經 두 편으로 나뉘며 상경에 30괘, 하경에 34괘를 담고 있다. 그 체제는 〈표 6〉과 같다. 역경의 1번 괘 건과 2번 괘 곤은 각기 32양괘와 32음괘를 대표하는 자격으로 맨 앞자리에 배치된 것이다. 그러므로 군자의 인생 여행길은 상경의 둔괘(3)에서 시작해서 리괘(30)에서 한 번 끝을 맺는다. 그런 뒤 하경의 함괘(31)에서 새로운 여행을 시작해서 미제괘(64)에서 다시 끝을 맺는 구조다. 이처럼 하경의 여행길은 상경의 여행길에 계속 이어지는 길이 아니라 새롭게 출발하는 길이 된다.

1	2	3	4	5	6	......	27	28	29	30
건乾	곤坤	둔屯	몽蒙	수需	송訟	......	이頤	대과 大過	감坎	리離

하경의 여행길

31	32	33	34	......	59	60	61	62	63	64
함咸	항恒	둔遯	대장 大壯	......	환渙	절節	중부 中孚	소과 小過	기제 旣濟	미제 未濟

<표 6> 주역의 여행길

　이는 역경이 상경의 인생길과 하경의 인생길을 전혀 다른 성격으로 보는 것이며, 결국 상경이 담고 있는 세계와 하경이 담고 있는 세계는 전혀 다른 세상이라는 말이 된다.

　필자는 역경의 가장 기본적인 가르침이 바로 이 대목이라고 생각한다. 우리가 살아가는 이 세상은 하나의 세계가 아니라 상경의 세계와 하경의 세계, 두 세계로 이루어져 있다는 것이다. 그러므로 사람은 두 세계를 구분해서 살아야 한다.

　역경이 두 세계를 구분 짓는 기준은 비인의 존재 여부다. 역경이 상정한 상경의 세계는 비인이 출몰하는 세상이다. 상경의 세계에서 군자가 만나는 사람 중에는 비인이 섞여 있다. 반면 하경의 세계에는 비인이 없다.

사람이 살아가면서 두 세계를 구분하지 못하면 어떻게 될까? 진실 없는 비인에게 진실을 쏟아부으면 삶의 기쁨을 맛보는 대신 나의 삶이 침해되는 고통과 피해를 당하게 된다는 것이 법정 스님의 가르침이다. 역경은 비(12)의 괘사에서 비슷한 가르침을 준다.

 사람이 아닌 사람에게는 말을 섞지 말아야 한다. 군자가 정貞하면 크게 가고 작게 오니 불리하리라.[7]

역경에서 비의 길은 군자가 비인에게 둘러싸여 기가 막히는 상황을 당하는 경우의 처신에 대해 말한다. 공자가 말한 "더불어 말을 나눌 만하지 않은 사람"들에 둘러싸여 있어서 그들과 말을 나누면 기가 막혀서 할 말을 잃게 되는 상황이다. 이때 군자가 정貞하면 크게 가고 작게 오니 불리하다고 한다. 여기서 군자가 정하다는 말은 군자가 곧이곧대로 한다는 뜻이다. 상대가 비인인 줄을 모르고 군자가 원래 하던 대로 곧이곧대로 행동하는 것이다. 그래서 자기 것을 자꾸 내주면, 주는 것은 많은데 돌아오는 것은 별로 없다는 말이다. 그러므로 비인을 상대할 때는 그렇게 하지 말라고 경계하는 것이다.

태泰의 길에서는 작게 가고 크게 오니 길하며 형통하리라.[8]

이와 반대의 상황이 태(11)의 경우이다. 태의 길은 공동체 구성원들이 공자가 말한 "더불어 말을 나눌 만한 사람"들이어서 서로 간에 소통이 원만하고 일 처리가 원활해서 태평한 경우다. 역경은 이러한 상황이 조성되면 작게 가고 크게 오니 길하며 형통할 것이라 한다. 태의 경우는 말이 통하는 사람들과 함께하기 때문에 시너지가 나며 상생이 가능한 것이다. 이때는 군자가 자꾸 내줘야 한다. 내주면 내줄수록 더 큰 것이 되어 돌아오기 때문이다. 이로써 태와 비를 견주어보면 자기 행동에 따라 길흉이 달라진다는 말이 어떤 의미인지 알 수 있다. 때에 맞춰 어떻게 행동하는가에 따라 미래에 영향을 미칠 수 있는 것이다.

역경은 이 세상을 상경과 하경의 두 세계로 나누는데, 상경의 세계가 비에 해당하고 하경의 세계가 태에 해당한다.[9] 그러므로 대략 세상의 절반은 비의 상태요, 절반은 태의 상태다. 또한 사람이 살아가면서 속하는 여러 공동체 가운데 절반은 비의 공동체요, 절반은 태의 공동체다. 세상의 절반이 비의 상태라고 하면 쉽지 않은 세상이다. 하지만 나머지 절반은 또한 태의 상태이니 희망을 가질 수도 있겠다.

성공의 조건

배 젓기 경주를 할 때 승리할 수 있는 비결은 무엇일까?

승리의 비결은 얼마나 열심히 노를 젓는가가 아니라 어떤 배를 선택해서 올라타느냐에 달려 있다. 무거운 배에 올라탄다면 아무리 열심히 노를 저어도 속도가 나지 않는다. 그러므로 작게 가고 크게 오는 태의 공동체라는 배에 올라타야 한다. 태의 공동체에서는 작게 노력해도 큰 성과로 돌아온다. 그 때문에 "길하며 형통할 것"이라 말하는 것이다. 반면 비의 공동체에서는 큰 노력을 기울여도 작게 돌아올 뿐이니 시간이 지날수록 일은 어그러져간다. 노력을 기울이면 기울일수록 더 빨리 망가질 뿐이다. 공자 역시 비슷한 취지의 가르침을 남겼다.

자공이 어찌 하면 인仁을 행할 수 있는지를 묻자 공자는 다음과 같이 답했다. 기술자가 그 일을 잘하고자 하면 반드시 먼저 그 연장을 예리하게 하듯이 올바른 나라에 거해야 한다. 그 나라 대부 중 현명한 사람을 섬기며, 그 나라 선비 중에서 어진 사람을 벗해야 한다.

《논어》〈위령공〉 9장 1절[10]

기술자의 연장이 예리하지 않으면 기술자가 열심히 노력한들 그 일을 잘할 수 없다. 그처럼 만약 군자가 올바르지 않은 나라에 거하고 현명하지 못한 대부를 섬기며 어질지 못한 선비들과 벗한다면, 그 스스로 아무리 인仁을 행하고자 노력해도 잘될 수 없다는 뜻이다. 이것이 일의 선후라는 것이다. 공자가 "어떤 것이 먼저이고 나중인지를 알면 도에 가깝다"[11]라고 말한 취지가 무엇인지 알 수 있다. 결국 어떤 일을 잘하고자 하는 사람은 스스로 열심히 노력하는 것보다 자기가 속할 공동체를 잘 선택하는 일이 먼저임을 명심해야 한다. 이것이 "어떤 것이 먼저이고 나중인지를 안다"는 것이다.

사람은 사는 동안 많은 사람을 만나고 여러 공동체에 속하게 된다. 만나는 사람 중에는 비인이 섞여 있고, 공동체 중의 대략 절반은 비의 공동체이다. 그러니 지금 내가 속한 공동체가 어느 쪽인지를 판단하는 것이 최우선 순위가 되어야 한다. 하지만 살아가는 동안 이 같은 현실을 직시하는 것은 쉽지 않다.

그 이유는 앞서 언급한 바와 같이 사람이 기본적으로 희망 과잉 상태에 놓여 있기 때문이다. 물론 그 덕에 아무리 절망적인 상황에서도 희망을 부여잡고 다시 일어설 수 있다. 하지만 부정적인 현실을 직시하지 못하는 것은 분명한 부작용이다. 우리는 부정적인 현실에 나의 희망을 섞어서 인식하기 때문에 우리가 속한 공동체가 비의 공동체라는 사실을 인식하기 쉽지 않다. 얼핏 인식하더라도 거기에 희망을 섞어 앞으로 좋아질 것이라고 막연히 믿으며 참고 견딘다. 하지만 이는 문제가 된다.

> 공자가 말씀하시기를, 선한 사람과 함께하는 것은 지초와 난초
> 가 있는 방에 들어간 것과 같아서 오래되면 향기를 맡지 못하
> 니, 그 향기에 동화되기 때문이다. 선하지 못한 사람과 함께하
> 는 것은 절인 생선 가게에 들어간 것과 같아서 오래되면 그 악
> 취를 맡지 못하니, 또한 그 냄새에 동화되기 때문이다. 붉은 주
> 사를 지닌 사람은 붉어지고, 검은 옻을 지닌 사람은 검어지게
> 되니, 군자는 반드시 그 함께하는 자를 삼가야 한다.
>
> 《명심보감明心寶鑑》〈교우편交友篇〉[12]

    비의 공동체에 속한 사람은 절인 생선 가게에 들어간 것과
같아서 오래되면 그 냄새에 동화되어 악취를 맡지 못하게 되
는 것이다. 그는 이제 무감각한 상태로 일상을 살아가게 된다.
하지만 이에 대해 역경은 경고하고 있다. 비의 공동체에 속한
사람은 내주는 것은 많은데 돌아오는 것은 별로 없다. 그러므
로 시간이 흐르면 흐를수록 그의 삶은 침체에 빠진다. 하지만
무감각해진 그는 그 이유를 알지 못할 것이다. 결국 삶이란 원
래 이런 것인가 보다, 내 운명은 이런 것인가 보다, 체념과 절
망에 빠진 채 무기력하게 살아갈 수 있다. 헤프게 인연을 맺어
놓으면 그들에 의해 삶이 침해되는 고통을 받아야 한다는 법

정 스님의 말씀은 이러한 대목을 말하는 것이다. 또한 우리가 살아가면서 느끼게 되는 걱정과 불안, 고통의 많은 부분이 역시 이러한 상태에서 기인하는 것이다.

태의 공동체는 이와 반대다. 태의 공동체에 속한 사람은 지초와 난초가 있는 방에 들어간 것과 같으니 역시 오래되면 그 향기에 동화되어 향기를 맡지 못한다. 그의 몸에 향기가 배어드니 그의 몸에서도 언제나 좋은 향기가 나지만 그는 이를 느끼지 못하며 역시 무감각한 상태로 일상을 살아간다. 하지만 이에 대해 역경은 말한다. 태의 공동체에 속한 사람은 작게 가고 크게 오니 길하며 형통하다. 태의 공동체라면 작게 노력해도 큰 성과로 돌아오니 시간이 흐르면 흐를수록 그의 삶은 향상된다. 하지만 무감각해진 그는 역시 그 이유를 알지 못할 것이다. 결국 삶이란 원래 이런 것인가 보다, 나날이 향상되며 즐거운 것인가 보다, 의욕과 희망을 안고 즐겁게 살아갈 것이다. 진실은 진실된 사람에게만 투자해야 하며, 그래야 그것이 좋은 결실을 맺는다는 법정 스님의 말씀은 이러한 대목을 말하는 것이다.

그러므로 무슨 일을 하건 열심히 노력하기에 앞서 태의 공동체라는 배에 올라타는 것이 좋은 결실을 맺기 위한 필요조건이라는 사실을 명심해야 할 것이다. 현실의 삶 속에서 사람은 여러 공동체에 동시에 속해 있다. 개중에는 태의 공동체도 있고 비의 공동체도 있다. 그러므로 양자를 구분해서 인식하고 거기에 맞게 대응하는 것이 중요하다.

> 머무르며 애쓸 곳이 아닌데 그리하면 이름에 필시 욕됨이 있고, 의지할 것이 아닌데 의지하면 몸이 필시 위태롭게 된다.
>
> 《주역》 〈계사하전〉 5장[13]

〈계사하전〉이 경계하는 바와 같이 만약 현재 내가 속한 곳이 비의 공동체라면 무슨 일을 이루려고 애쓸 것이 아니라 나를 지키는 데 주력해서 소극적으로 대응해야 하며, 특히 상대가 비인일 경우라면 아예 말을 섞지 말아야 한다. 태의 공동체에서라면 가만히 있지 말고 적극적으로 내주며 교류에 나서야 한다. 그런데 자칫 흥분할 경우 이를 반대로 할 수 있음에 유의해야 한다. 비의 공동체에서 드잡이 싸움을 벌이느라 시간과 에너지의 대부분을 쓰는 경우가 있는 것이다. 문제는 사람의 시간과 에너지가 한정된 자원이라는 사실이다. 비의 공동체에서 대부분을 써버리면 태의 공동체에는 소홀할 수밖에 없다. 정작 태의 공동체가 인생의 가치와 보람을 창출할 수 있는 곳인데, 비의 공동체에서 대부분의 시간을 보내느라 태의 공동체를 잃는 우를 범하는 것이다.

역경이 "말을 섞지 말라"라고 조언하는 데에는 이 같은 이유가 있으며, 법정 스님의 "스쳐 가는 인연이라면 무심코 지나쳐버려야 한다"는 조언 역시 이를 가리킨다. 군자가 비의 상황에 놓였다면 유념하고 유념할 일이다. 반대로 자신이 태의 공동체에 속해 있다면 행운을 만났음을 잊지 말고, 태의 공동체를 이루어준 선한 사람들에게 감사함을 잊지 않도록 해야 한다. 지초와 난초의 향기에 익숙해져서 감사할 줄 모르게 되는 경우도 많기 때문이다.

예와 의의 구분이 중요한 이유

필자가 청년들에게 역경을 기반으로 딱 한 가지 조언을 한다면 의리의 문제를 말하고 싶다. 한마디로 비인이 섞인 상경의 세계에서는 의리가 적용되지 않는다는 것이다. 우리는 흔히 의리를 다해야 한다고 말하지만, 그 의리는 하경의 세계에서 다하는 것이지 상경의 세계에는 해당하지 않는다.

위에서 살펴본 법정 스님의 조언을 역경의 용어로 옮겨보면, 비인이 출몰하는 상경의 세계에서 의리를 다하는 것은 위험한 일이며, 상대방에게 내가 쥔 화투패를 일방적으로 보여주는 것과 다름없는 어리석은 일이라는 것이다. 그렇게 했다가는 피해를 입을 것인데, 그 피해는 진실 없는 사람(비인)에게 진실을 쏟아부은 대가로 받는 벌이라는 말씀이다.

필자가 보기에 살면서 크게 곤욕을 치르는 것이 바로 이 문제를 헷갈리는 경우다. 비인이 섞여 있는 상경의 세계에서도 의리를 다해야 한다고 생각하는 사람은 큰 상처를 입는 경우가 많다. 비인일수록 이런 사람을 잘 알아보고 이용하려 들기 때문이다. 그로 인해 인생에서 회복 불능의 타격을 입고 주저앉는 일도 있기 때문에 주의할 일이다.

요새는 예의禮儀라는 말을 하나의 개념처럼 쓴다. 하지만 예와 의는 일정 부분 겹치기는 해도 서로 구분되는 개념이다. 의儀는 '거동, 의식, 법식' 등의 뜻을 가지며, 사람의 올바른 행동거지를 의미한다. 이에 비해 예禮는 제단 앞에서 신에게 합당한 예를 다하는 모습을 형상화한 글자로 '(신을)공경한다'는 뜻을 가진다. 즉 의는 외적인 행동거지의 문제인 데 비해, 예에는 합당한 정성[誠]과 공경하는 마음이 중요하다.

동양학의 용어로 말하면, 예는 성誠을 다하는 것이라고 할 수 있다. 성에 대해 오류를 무릅쓰고 간략하게 말하자면 '진실함을 다하는 것'이다. 법정 스님은 글에서 "진실은 진실된 사람에게만 투자해야 한다"라고 말씀하셨는데, 이러한 진실을 다하는 것이 동양학의 성 개념에 해당한다. 반면 의는 어디까지나 외적인 행동거지의 문제로서 서양의 에티켓에 해당한다. 법정 스님의 가르침에 비추어 보면, 스쳐 가는 인연에게는 의를 다하고, 진정한 인연에게는 예를 다해야 한다. 진실은 예와 함께 다할 일이지, 의와 함께 다할 일이 아니다.

이렇게 보면 역경에서 상경의 세계에 적용되는 질서는 의요, 하경의 세계에 적용되는 질서는 예다. 군자는 상경의 세계를 여행할 때 마주치는 사람들에게 의를 다한다. 하지만 마음의 경계를 늦추지는 않는다. 비인이 섞여 있을 수 있기 때문이다. 군자는 상경의 세계에서도 사람들과 관계를 맺는다. 하지만 그 관계는 아직 의리로 맺어진 관계가 아님을 안다. 그러므로 마음의 경계를 늦추지는 않으며 그럼에도 의는 다함으로써 상대를 존중하며 관계를 유지한다.

역경이 "비인과는 말을 섞지 말라"라고 할 때 일상적인 대화조차 나누지 말라는 뜻은 아니다. 상대와 말을 섞는다는 것은 상대에게 나의 진심을 드러낸다는 뜻이다. 상대에게 나의 진심이 통할 것이라고 믿는 것이며, 그만큼 상대를 신뢰한다는 뜻이다. 그러므로 공자의 "더불어 말을 나눌 만하지 않은 사람인데 더불어 말을 섞으면 할 말을 잃게 된다"라는 말의 취지는 신뢰할 만하지 않은 사람을 신뢰하여 나의 진심을 드러내면 기막힌 꼴을 당하게 될 것이라는 뜻이다. 역경이 "비인과는 말을 섞지 말라"라고 한 취지도 마찬가지다. 비인에게도 의를 다함으로써 그를 존중하고 그와의 관계를 원만히 유지해야 하지만 그를 신뢰하지는 않아야 한다.

이처럼 역경은 의와 예를 구분해서 인식하고 예의 질서에 무거운 의미를 부여한다. 역경의 내용을 보면, 하경의 세계로 들어갈 때까지 거쳐야 할 단계가 생각보다 많고 시간도 오래 걸린다. 이 정도면 예의 적용을 받는다고 할 법한데도 웬만해서는 허용하지 않는다. 대신 예로 맺어진 관계가 이렇게 어렵게 형성되는 이상, 한번 맺어진 관계를 해소하는 것도 대단히 어렵게 여긴다. 이처럼 예의 질서에는 들어가기도 어렵고, 한번 들어간 이상 나오기도 어려운 것이다.

그래서 법정 스님도 인연은 함부로 맺는 것이 아니라고 경계하신 것이다. 스님은 진실은 진실된 사람한테 쏟는 것이지, 진실 없는 사람에게 함부로 쏟아붓는 것이 아니며, 만약 그랬다가는 대가를 치를 것이라고 말씀하셨다. 이는 진실을 쏟는다는 것이 생각보다 쉽게 쏟는 것이 아니며, 의리가 그리 쉽게 요구되는 것이 아니라는 취지로 볼 수 있다. 이 점에서도 법정 스님의 가르침과 역경의 가르침은 일치한다. 결국 근본적인 가르침은 모든 가르침이 같은 것이다.

그러므로 인생길을 걸어갈 때 주의할 일이다. 인연은 함부로 맺는 것이 아니며, 진실은 함부로 쏟는 것이 아니다. 그만큼 무거운 것이기 때문이다. 의리 역시 그리 쉽게 요구되는 것이 아니다. 그만큼 무거운 것이기 때문이다.

비인은 얼마나 될까?

이 세상에 비인이 얼마나 될까? 그 대답을 들어보면 말하는 사람에 따라 편차가 매우 크다.

〈그림 18〉에서 ⓐ가 보는 비인의 범위와 ⓑ가 보는 범위, ⓒ가 보는 범위가 각각 다르다. 사람에 따라 보는 관점이 다르므로 이처럼 각자가 보는 비인의 범위가 다를 수 있다. 하지만 ㉮의 영역처럼 모든 사람의 견해가 일치하는 범위가 있다. 이 ㉮의 영역이 바로 진정한 비인이라고 할 수 있다.

나머지는 관점의 차이에 따라 빚어지는 오해의 영역일 수 있다. 예를 들어 주는 것 없이 미운 사람이 있다. 또는 받는 것 없이 기분 좋게 느껴지는 사람도 있다. 이는 서로 간의 궁합의 문제인데, 앞서 1장에서 말했던 결이 서로 잘 맞는지 여부에 따라 달라지는 것이다. 두 사람 사이에 합이 잘 맞을 경우 바라보기만 해도 기분이 좋아진다. 합이 상충을 이룰 경우는 반대 현상이 일어난다. 합이 상충일 경우는 대화로 문제를 풀기도 어렵다. 말이 서로 간에 계속 엇나가기 때문이다. 나는 관계를 풀고 싶어서 이처럼 성심으로 열심히 말하는데 저 사람은 왜 계속 딴소리하나 싶다. 하지만 사실은 그 사람도 나름 열심히 말하고 있는 것이다. 단지 두 사람의 코드(결)가 크게 다르다 보니 본의와는 다르게 말이 접수되는 것이다. 이 경우는 서로

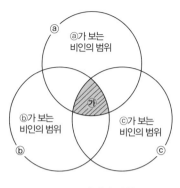

<그림 18> 비인의 범위

말이 안 통하기 때문에 서로가 상대를 비인처럼 느낄 수도 있다. 그러므로 특정인을 섣불리 비인이라고 단정할 일은 아니다. 그럼에도 또한 ㉮의 영역처럼 사람이 아닌 사람이 분명 존재하니 유의할 일이다.

　비인匪人과 관련해서는 그 한자 표현 '匪(비)'에 대해서도 생각해볼 필요가 있다. 匪(비)는 匚(상자 방)과 非(아닐 비)가 합쳐진 글자다. 여기서 匚(방)은 앞쪽과 좌우측은 막혔지만 뒤쪽은 트여 있는 상자를 뜻한다. 그러므로 이와 같은 상자에 갇혀 있는 비인은 그 꽉 막힌 상황에서 빠져나올 가능성이 열려 있다. 다만 나올 수 있는 출구가 뒤쪽에 나 있는데, 사람은 뒤쪽을 보지 못하므로 그 가능성이 높지는 않다. 이와 같은 역경의 판단이 '匪人(비인)'이라는 한자 표현에 담겨 있다. 비인이라 해도 개과천선의 여지가 남아 있는 것이다. 단 그 가능성이 높지는 않으니 역시 유의할 일이다.

일찍이 맹자 역시 사람이 아닌 사람에 대해 언급한 바가 있는데, 그 표현은 '非人(비인)'으로 발음은 같지만 한자는 匪와 非로 다르다. 두 한자 간에 뉘앙스의 차이는 있지만, 맹자가 언급한 내용은 참조할 만하다. 맹자는 사람이면 누구나 남에게 차마 못하는 마음이 있다고 했다. 그리고 남을 측은히 여기는 마음인 측은지심과 자신의 악을 부끄러워하고 남의 악을 미워하는 마음인 수오지심, 사양하는 마음인 사양지심, 옳고 그름을 가리는 마음인 시비지심이 없으면 사람이 아니라고 했다.[14] 맹자의 기준에 따르면 이 같은 네 가지 마음을 갖추지 않아서 남에게 차마 못하는 짓이 없는 사람을 '사람이 아닌 사람'이라고 할 수 있다.

버티며 하지 않을 용기

마음 약한 사람에게 필요한 간의 길

역경의 52번째 괘인 간艮의 길은 사람들이 군자에게 어떤 일을 해달라고 요청할 때 군자가 끝끝내 버티며 들어주지 않는 경우를 가리킨다. 이 같은 길이 왜 필요할까?

주변을 한번 둘러보자. 주변 사람 중에 자기가 필요한 것은 이것저것 자주 말하면서 정작 이쪽에서 무언가를 말하면 귀담아들어주지 않는 사람이 있지 않을까? 사실 인간관계에서 빚어지는 불안과 갈등은 이런 사람들에게서 기인하는 경우가 많은데, 간의 길은 이런 사람들에 대한 대처법이라고 할 수 있다. 역경이 인생을 살아갈 때 터득해야 하는 64가지 도 가운데 하나를 이 문제에 할당했다는 것은, 이를 인생에서 중요한 문제로 보았다는 의미다. 그런 사람들이 나의 말을 귀담아듣게 하려면 어떻게 하면 될까? 역경은 그 방법을 〈그림 19〉와 같이 우선 괘상으로 제시한다.

괘상에서 음효의 기본 속성은 앞서 〈그림 1〉의 ①-2의 경우처럼 어떤 행위를 하지 않는 것이다. 반대로 양효는 ①-1의 경우처럼 어떤 행위를 하는 것을 상정한다. 그러므로 간의 괘상에서 음효는 누군가가 군자에게 어떤 일을 해달라고 요청할 때 군자가 버티며 들어주지 않는 것이고, 양효는 들어주는 것이다. 이를 염두에 두면 괘상만으로도 간의 길이 어떻게 진행되는지 짐작할 수 있다.

자기가 필요한 것은 이것저것 말하면서 정작 이쪽에서 무언가를 말하면 귀담아듣지 않는 사람에게 어떻게 대응해야 할까? 우선은 다음번에 그 사람이 무언가를 요청할 때 들어주지 말아야 한다. 이것이 간의 길 1단계 음효가 의미하는 바다. 들어주지 않으면 물론 상대는 기분이 상할 것이다. 그러고 나서 시간이 흐른 후 상대가 또 무언가를 들어달라고 새로이 요청해오면 또다시 들어주지 말아야 한다. 이것이 2단계다. 물론 두 번 연속으로 거절했으므로 상대는 크게 기분이 상할 것이다. 어쩌면 관계를 끊겠노라 노발대발하거나, 내가 가만 있을 줄 아느냐고 협박조로 나올 수도 있다. 그러므로 마음 약한 사람은 두 번 연속

艮其背 不獲其身 行其庭 不見其人 无咎

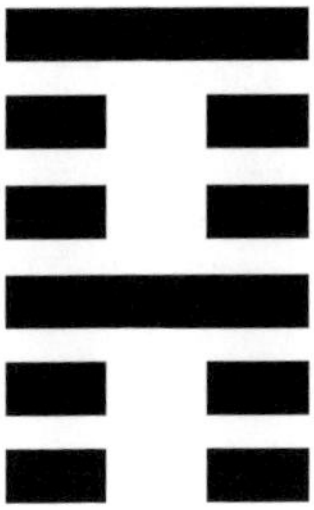

上九 敦艮 吉

六五 艮其輔 言有序 悔亡

六四 艮其身 无咎

九三 艮其限 列其夤 厲 薰心

六二 艮其腓 不拯其隨 其心不快

初六 艮其趾 无咎 利永貞

<그림 19> 간(52)의 괘상

으로 거절하는 것이 심리적으로 어려울 수도 있다. 하지만 역경은 걱정하지 말고 거절해도 된다고 조언한다.

역경이 제시한 법칙이 하나 있다. 그것은 같은 행동을 세 번 연속으로 하면 싸움이 벌어질 수 있지만 두 번까지는 괜찮다는 것이다. 즉 연속해서 두 번 거절당한 상대가 "내가 가만 있을 줄 아느냐"며 위협적으로 나오더라도 그냥 말에 그칠 뿐 실행에 옮기지는 않는다는 뜻이다. 그러므로 세 번째에 들어주기만 하면 된다. 간의 길 3단계에 양이 오는 것은 바로 그런 의미이다. 세 번째에도 거절하면 그때는 실제로 싸움이 벌어지며 관계가 아예 끊어질 수도 있다. 하지만 두 번째까지는 거절해도 괜찮다.

상대의 세 번째 요청을 들어준 후 네 번째 요청이 들어오면 어떻게 해야 할까? 간의 길 4단계가 음효라는 것은 또 거절해서 들어주지 말라는 뜻이다. 다섯 번째도 역시 거절이다. 3단계에서 한 번 들어주었기 때문에 4·5단계에서 연속으로 거절하는 것은 역시 괜찮다. 6단계에서 들어주기만 하면 역시 싸움은 벌어지지 않는다.

공정한 관계를 확립하는 법

용감한 자가 미인을 차지한다는 말이 있다. 가만히 있지 않고 용감하게 나서서 적극적인 행동을 취하는 사람이 미인을 차지한다는 말이다. 이 말을 조금 달리 보면 남에게는 다소 무심한 채 자기 위주로 사는 사람이 이익을 본다는 말일 수도 있다. 자기가 필요한 것은 이것저것 말하면서 이쪽에서 무언가를 말하면 귀담아듣지 않는 사람이 바로 그런 사람이다.

반면 섬세한 사람은 앞서 설명한 간괘의 조언조차 그대로 따르기가 쉽지 않다. 두 번 연속으로 거절하려면 통 마음이 편치 않고 불안하기 때문이다. 하지만 생각해보자. 남에게 무언가를 강제하는 것은 어렵다. 하지만 남이 나에게 무언가 해달라는 것을 해주지 않고 버티는 것은 하려고만 하면 누구든 할 수 있는 일이다. 이것조차 못 하겠다고 하면 더 이상 방법이 없다. 그렇다면 그동안 살아온 것처럼 살 수밖에 없지 않은가?

하지만 누군가가 자기 필요한 것은 이것저것 말하면서 이쪽 말을 귀담아듣지 않는다는 것은, 쉽게 말해 이쪽을 무시하는 것이며 일방적으로 이용하는 것이다. 이렇게 무시당하며 살 수는 없다는 사람에게는 역경이 간의 길을 밟으라고 조언한다. 사실 역경의 조언은 섬세하고 마음이 약한 사람들에게 더욱 도움이 된다. 역경이 변화의 법칙을 미리 밝히고 응원하는 셈이기 때문이다. 두 번 연속으로 거절해도 싸움이 벌어지지 않을 것이다, 아무 일 없을 테니 용기를 내서 거절하라며 응원하고 있다.

간의 길을 성공시키기 위한 유일한 조건은 마음을 굳게 먹는 것이다. 특히 2단계에서 두 번째로 거절할 때 굳게 먹은 마음을 풀지 말아야 한다. 그래서 역경은 2효사를 통해 "아직 합당한 따름을 받아들이지 않으니, 그 마음을 풀지 말아야 하리라"[15]라고 특별히 조언한다. 1단계에서 한 번 거절한 이후라서 마음이 약해지기 쉬운데, 그렇게 마음을 풀어버리면 아직은 상대가 합당한 따름을 받아들이지 않을 것이라는 말이다.

반면 군자가 굳게 먹은 마음을 풀지 않고 계속 버티어내면 5단계에 이르러 원하는 성과를 달성할 수 있다. 간괘의 5효사는 그 성과에 대해 "말에 순서가 잡힌다[言有序]"라고 표현한다.

말에 순서가 잡힌다는 것은, 지금까지 자기 말만 앞세울 뿐 군자의 말은 귀담아듣지 않던 주변 사람들이 말의 순서를 깨닫게 된다는 뜻이다. 그동안 군자가 자기 말을 들어주었으니 이번에는 자기가 군자의 말을 들을 차례라는 것을 깨닫는 것이다. 이 같은 깨달음은 1·2단계의 거절과 4·5단계의 거절 두 차례를 거치고 나서야 도달한다는 사실에 유념할 필요가 있다. 1·2단계의 거절만으로는 충분한 학습이 이루어지지 않는 것이다.

5단계에서 말에 순서가 잡히고 나면 다시 양효가 놓이는 6단계에서는 상대의 청을 또 한 번 들어준다. 역경은 이렇게 함으로써 "돈간敦艮의 경지에 오르니 길하리라"라고 말한다. 돈간의 경지란 자신의 뜻을 관철하면서도 주변 사람들과의 돈독한 관계는 깨지지 않는 경지를 말한다. 앞서 5단계에서 주변 사람들이 말의 순서를 깨달았기 때문에 이를 바탕으로 6단계에서 돈간의 경지에 오를 수 있는 것이다. 이로써 군자와 주변 사람들 사이에 공정한 관계가 확립되고 간의 도가 완성된다. 지도에서 출발하여 하늘의 뜻인 천도에 도달한 것이며, 군자가 간의 길을 답파함으로써 간의 도를 터득한 것이다.

말의 순서와 질서

"말에 순서가 잡힌다"는 간괘 5효사는 말과 질서를 연결 짓는데, 이는 탁월한 관점이라고 할 수 있다. 사람이 모인 조직(공동체)에서 빚어지는 혼란의 근원은 대부분 말의 순서가 잡히지 않는 데 있기 때문이다. 바벨탑이 무너진 이유가 언어의 혼란 때문이었듯이 오늘날에도 조직에서 '누구의 말이 우선하는가' 하는 말의 순서에 혼란이 초래되면 그 조직은 무너지고 말 것이다.

사람이 모인 조직에는 질서가 있는데 이는 곧 누구의 말이 우선하는가를 정한 것이다. 사람은 말로 소통하는 존재이기 때문에 사람이 모인 조직은 결국 말을 통해 유지된다. 그러므로 간의 길은 개인 차원의 공정한 관계 확립을 위한 것이기도 하지만, 조직을 위한 것이기도 하다. 결국 군자가 힘든 상황 속에서도 굳게 버티며 흔들림 없이 간의 길을 걷는 것은 공동체에 말의 순서를 확립하기 위해서이며, 그 목표는 5단계에 이르러 비로소 달성된다. 말의 순서가 잡혀 주변인들이 군자의 말을 진지하게 듣기 시작하면 공동체의 혼란이 바로잡힐 것이다.

상황을 이렇게 개선한 원동력은 군자가 두 차례에 걸쳐 버티어낸 노력에 있다. "사람들이 내 말에 귀를 안 기울여준다"

는 불평을 주변에서 자주 접하는데, 역경은 이에 대해 버티면 해결할 수 있다는 명쾌한 조언을 제공한다. 앞서 언급했듯이 남이 무언가를 하도록 강제하는 것은 어렵다. 하지만 남이 나에게 무언가 해달라는 것을 해주지 않고 버티는 것은 누구라도 할 수 있다. 그러므로 인간관계에서 불안과 고통을 느끼는 분이라면 용기를 내서 간의 길을 밟아보시기를 권해드린다.

어떻게 설 것인가

"안다는 것이 무엇입니까"라고 제자가 물었을 때 공자는 "지인知人"이라는 두 글자로 대답했다.[16] 공자는 이처럼 간결하게 대답함으로써 가르침에 여백을 둔다. 그 여백은 제자들이 각자의 결에 따라 채움으로써 자신의 생각을 발전시켜 갈 것이다. 사람을 아는 것[知人]이 아는 것이라는 말은, 예를 들어 다음과 같은 의미를 가질 수 있다. 박학博學을 자랑하는 어떤 이가 사람에 대해서는 잘 모른다면 그의 앎은 아직 50퍼센트라는 것이다. 요새 좋은 아이디어를 들고 창업하는 이들이 많은데, 개중 실패하는 경우를 보면 태반은 전문 지식이 부족해서라기보다 사람을 잘 몰랐기 때문이다. 이런 경우를 상정해보면 사람을 아는 것이 '아는 것'이라는 공자의 말씀을 납득할 수 있다. 그렇다면 어떻게 해야 사람을 알 수 있을까?《논어》의 맨 마지막 구절에 답이 있다.

말을 알지 못하면 사람을 알 방법이 없다.

《논어》〈요왈堯曰〉 3장 3절[17]

말을 알면 사람을 알 수 있다는 것이다. 이 말이《논어》의 맨 마지막 구절임을 상기하면 공자가 사람을 아는 것과 말을 아는 것을 얼마나 중시했는지를 거듭 확인할 수 있다. 돌이켜 보면 공자는 무던히도 말과 사람의 관계를 강조해왔다. "더불어 말을 나눌 만한 사람인데 더불어 말을 나누지 않으면 사람을 잃게 되고, 더불어 말을 나눌 만하지 않은 사람인데 더불어 말을 섞으면 할 말을 잃게 된다"라는 말씀에서는 사람을 판단하는 기준이 더불어 말을 나눌 만한지 여부 한 가지다. 이와 관련하여 다음과 같은 말씀도 있다.

공자가 말씀하시기를, 처음에 나는 사람을 대할 때 그 말을 들으면 그렇게 행동할 것이라 믿었다. 지금 나는 사람을 대할 때 그 말을 들으면 그렇게 행동하는지를 관찰한다.

《논어》〈공야장公冶長〉 10장[18]

이 역시 말과 사람의 관계에 대해 강조하는데 두 말씀을 연결 지어보면, 그 사람의 행동이 말과 일치하는지 여부가 더불어 말을 나눌 만한 사람의 필요조건이 된다. 공자가 이처럼 말과 사람을 연결 지어 강조하는 이유는, 사람이 다른 동물과 구별되는 가장 큰 특징이 말을 사용한다는 점이라는 사실을 고려하면 이해할 수 있다. 사람을 사람이게 하는 것이 바로 말이기에, 말을 알면 그 사람을 알 수 있는 것이다. 성인이 이처럼 강조하시니 우리가 이 세상을 살아가면서 말을 가볍게 여길 수 없고, 사람을 살피지 않을 수 없다. 특히 상경의 세계에서 자신을 지켜내려면 이는 필수 불가결이다.

상경의 세계는 비인이 횡행하며 아직 규범이 확립되지 않은 세상이다. 상경의 세계는 온갖 난리법석이 벌어지는 곳이다. 상경에서는 몽매한 군주가 설치기도 하고(몽蒙·4), 쟁송이 붙기도 하며(송訟·6), 군사를 동원한 건곤일척의 승부가 벌어지기도 한다(사師·7). 친근하게 대하던 상대가 비인이어서 낭패를 겪기도 하며(비比·8), 아예 천지 사방이 꽉 막히는 암울한 상황이 펼쳐지기도 한다(비否·12). 이처럼 불의가 판치는 세상을 바로잡고자 동지를 규합하여 봉기하기도 한다(동인同人·13). 윗사람의 잘못을 바로잡아야 하는 일도 있고(고蠱·18), 나아가 임할 때도 아랫사람의 눈치를 살펴야 한다(림臨·19). 공동체의 일치를 강화하려고 강제로 동화시키는 수단을 써보기도 하고(서합噬嗑·21), 반대로 다채로움을 수용하는 정책을 펼쳤다가 읍이 시골처럼 변해버리는 곤란한 상황을 겪기도 한다(비賁·22). 이후 모든 것을 박탈당하는 일대 위기를 겪었다가(박剝·23) 다행히 광명이 회복되기도 한다(복復·24). 최종적으로 리離(30)의 길에 이르러 공동체에 규범이 확립됨으로써 상경의 세계가 끝을 맺는다.

이상으로 상경에서 군자가 걷는 길은 언뜻 아비규환처럼 보일 지경이다. 이런 상황이므로 상경의 세계에서는 예와 의리가 적용되지 않는 것이다. 아비규환의 와중에 군자는 자신을 지켜내야 한다. 이때 필요한 것이 사람을 아는 것[知人]과 말을 아는 것이다. 말을 알고 사람을 알면 진정한 인연과 스쳐 가는 인연을 구분할 수 있고, 이를 통해 거기에 맞게 대응함으로써 상경의 아비규환 속에서 나를 지켜낼 수 있다.

이처럼 상경의 세계는 기본적으로 나를 지켜내야 하는 곳이다. 군자는 상경의 세계에서 담금질로 단단해진다. 군자가 상경의 길을 모두 답파해냈을 때 비로소 홀로 설 수 있게 된다. 그는 이제 건의 길에서 3단계를 완수한 것이다.

공자는 자신이 30세가 되었을 때 비로소 설 수 있었다[三十而立]고 했다.[19] 여기서 설 립立 자는 큰 대大 자와 한 일一 자가 합쳐진 구조로 사람이 두 다리로 땅을 딛고 선 모습을 형상화한 글자다. 그 의미는 다른 누군가에 의지하지 않고 제힘으로 당당히 섰음을 의미한다. 스스로 선다는 것은 외부 세상의 위험에서 자신을 지켜낼 수 있음을 의미한다. 그때라야 진정으로 선 것이라 할 수 있다. 그러므로 선다는 것은 단순한 얘기가 아니다.

군자 역시 상경의 길을 모두 답파해냈을 때라야 비로소 서게 된다. 그는 이제 자신을 지킬 기본기를 익혀 험난한 세상에서 홀로 서게 된 것이다. 그는 화이불류和而不流, 즉 조화를 이루되 휩쓸리지 않는 상태를 달성한다. 상대가 비인일지라도 의는 다함으로써 관계를 원만히 유지하지만 그를 신뢰하지는 않음으로써 잘못 휩쓸리지는 않는다.

그는 이제 연못에서 펄쩍 뛰어올라 하늘을 나는 비룡이 될 수 있다. 그는 하경의 세계로 승천한다. 하경의 세계에서는 수신제가 치국평천하의 도가 본격적으로 펼쳐진다. 그에 따라 군자는 하나의 길을 답파할 때마다 진정한 성장을 이뤄간다. 하지만 상경의 세계에서는 아직 아니다. 상경의 세계는 군자가 자기를 지킬 수 있는(두 발로 설 수 있는) 기본기를 익히는 단계다. 이는 기본기를 익힌 후에야 비로소 본격적으로 자기 성장을 이룰 수 있다는 뜻이며, 이것이 되지 않으면 다음 단계로 가지 못한다는 말이다. 이것이 역경의 가장 기본적인 가르침이다.

4장

다양한 관계 안에서
생각해야 할 것들

고흐, 루벤스와 주역의 소흑괘

역경의 9번째 괘인 '소흑小畜'[1]은 사람에게 굴레를 씌워 길들이는 길에 대해 말한다. 이 길들임의 의미는 생텍쥐페리의《어린 왕자》에 등장하는 사막여우가 잘 설명해준다. 길들인다는 것이 무슨 뜻인지 묻는 어린 왕자에게 여우는 길들인다는 건 관계를 맺는 것이라고 말한다.

그렇다면 관계 맺음이란 무엇인가? 이에 대해 여우는 이렇게 설명한다. 여우는 빵을 먹지 않으니 여우에게 밀은 아무짝에도 쓸모없는 것이다. 그러므로 밀밭은 여우에게 어떤 이야기도 들려주지 않는다. 그런데 어린 왕자가 여우를 길들이면 어린 왕자의 머리색을 닮은 금색의 밀밭이 어린 왕자를 떠오르게 한다. 이제 여우는 밀밭을 스쳐 가는 바람 소리를 사랑하게 되는 것이다.

어린 왕자가 여우를 길들인 후 둘이 헤어지게 되었을 때, 여우는 울먹인다. 이를 보고 어린 왕자는 "너는 결국 길들어서 얻은 게 아무것도 없는 거지?"라고 묻는다. 하지만 여우는 밀밭의 색깔 때문에 얻은 게 있다고 답한다. 어린 왕자가 여우를 길들임으로써 둘은 관계를 맺었고, 그 같은 관계 맺음으로 인해 전에는 무의미하던 밀밭 색깔에 의미가 생긴 것이다.

이러한 여우의 설명은 이 무의미한 세상에서 어떻게 의미가 생겨나는지를 잘 보여준다. 의미란 관계 맺음을 통해 생겨나는 것이다.

어린 왕자가 여우를 길들이기 전 어린 왕자는 여우에게 그저 수많은 아이 중 한 명일 뿐이었다. 여우 역시 어린 왕자에게 수많은 여우 중 한 마리였을 뿐이다. 하지만 어린 왕자가 여우를 길들인 순간부터 둘은 서로에게 필요한 존재가 된다. 어린 왕자는 여우에게 세상에 하나뿐인 아이가 되고 여우는 어린 왕자에게 세상에 하나뿐인 여우가 된다. 여우는 어린 왕자가 자신을 길들이면 그동안 단조롭던 자신의 삶이 햇살로 가득 차게 될 것이라고 말한다. 여우는 어린 왕자의 발걸음 소리를 세상의 무수한 발걸음 소리로부터 구분해낼 수 있을 것이고, 그 발걸음 소리가 음악처럼 자신을 땅굴에서 나오게 할 것이라고 말한다.

마찬가지로 어린 왕자의 장미는 그저 수많은 장미 중 하나가 아니다. 어린 왕자와 장미가 서로를 길들였을 때 장미는 어린 왕자에게 세상에 단 하나뿐인 소중한 장미가 된다. 이처럼 어린 왕자의 장미가 정원에 있는 5000송이의 장미들과 달리 특별한 이유는 어린 왕자가 그 장미를 길들였기 때문이다.

길들임 또는 길들여짐에 대한 여우의 설명은, 사람에게 굴레를 씌워 길들이는 길인 소휵괘의 취지가 어디에 있는지를 보여준다. 일찍이 카를 융은 인간이 의미 없는 삶을 견디지 못한다고 말했다.[2] 그러므로 인간은 무의미한 세상에서 의미를 찾기 위해 서로를 길들이고 또 길들여져야 하는 것이다. 결국 소휵의 길을 통해 굴레를 쓰고 길들여져야 하는 대상은 우리 모두다.

인간은 사회적 동물이어서 공동체를 떠나서는 생존할 수 없고, 더 나아가 삶의 의미를 얻을 수 없다. 타인과 관계를 맺어야 하는 것이다. 그런데 관계를 '맺는다'는 것은 서로를 끈으로 붙들어 매는 것이다. '관계를 맺는다'의 영어 표현인 'establish ties with'에도 '서로를 끈으로 붙들어 맨다[ties]'는 뜻이 들어 있다. 이처럼 관계는 본질적으로 굴레(속박)를 동반한다. 이처럼 인간에게 필수적인 삶의 의미는 굴레와 함께 오는 것이기에 사람은 누구나 굴레를 받아들여서 길들여지지 않으면 안 된다.

그 때문에 결국 자유를 희구하는 인간 존재가 속박을 받아들여야 하는 모순적인 상황에 직면하게 된다. 이 같은 모순을 어떻게 소화하고 조화시킬 것인가는 인류의 영원한 숙제요, 고민이 아닐 수 없다. 때문에 이 주제는 역경의 여행길에서도 전체를 관통하며 끊임없이 변주되고 있다. 소휵의 길도 바로 이 같은 고민에 대해 말하는 것이다. 우선 그 길의 1단계는 다음과 같다.

 처음에 양이 오니, 자신의 길을 회복하는 상이로다. 어찌 그것이 허물이겠는가? 길하리라.³

소휵의 길은 사람에게 굴레를 씌워 길들이는 길이므로, 처음에 양이 온 것은 소휵의 도를 이루기 위해 굴레를 씌우는 행위가 가해짐을 상징한다.⁴ 그런데 역경은 이 같은 굴레를 받아들이는 것이 도리어 "자신의 길을 회복하는" 것이므로 이를 거부하지 말고 그대로 받아들이면 길할 것이라 말하고 있다. 굴레를 받아들이는 것이 어째서 자신의 길을 회복하는 것이 될까?

관계를 맺으려면 서로를 끈으로 붙들어 매야 하기에 본질적으로 굴레를 동반할 수밖에 없다. 이때 관계 맺음에서 비롯되는 굴레란 구체적으로 무엇일까? 이는 모든 관계에서 우리에게 기대되는 일정한 책임이다. 그 책임을 다해야 하는 것이 굴레에 해당한다. 그러므로 여우는 어린 왕자에게 "너는 네가 길들인 것에 대해 책임감을 지녀야 해. 너는 네 장미에 대한 책임이 있어"라고 말한다. 그리고 어린 왕자는 자신의 장미에 대한 책임을 다하기 위해 자기 별로 돌아가는 것이다.

이처럼 길들임과 관계 맺음에서 파생되는 책임을 다할 때 관계를 맺은 둘은 서로를 신뢰하게 되며 그때 비로소 서로를 위해 특별한 존재가 된다. 그때라야 관계가 완성되며, 이를 통해 사람은 존재의 의미를 획득할 수 있다. 그러므로 서로를 길들이는 과정에서 굴레를 받아들이는 것은 관계 맺음을 완성하는 것이며, 제 존재 의미를 획득하는 것이기에 자신의 길을 회복하는 것이라고 할 수 있다.[5] 이후 역경은 소축의 절정인 5단계에 대해 다음과 같이 말한다.

 양이 다섯 번째에 오니, 믿음을 가지고 매여 있구나. 그 이웃함으로 인해 부유해지리라.[6]

"믿음을 가지고 매여 있다"는 것은, 관계를 맺은 당사자가 서로를 신뢰하면서 자신들을 붙들어 맨 굴레를 긍정적으로 받아들인다는 말이다. 다음에 이어지는 "그 이웃함으로 인해 부유해질 것"이라는 표현이 흥미롭다. 이는 인간 공동체의 구성원들이 믿음(신뢰)을 바탕으로 관계를 형성하면 서로 이웃하기만 해도 그 때문에 부유해진다는 말이다. 이를 경제학적으로 보면, 사회적 분업을 통해 생산성이 크게 높아져서 규모 전체가 커지는 상황에 해당한다. 그 덕분에 사회적 분업에 참여하는 모든 사람이 혜택을 누릴 수 있다. 이는 로빈슨 크루소가 자기 섬의 생산물을 모두 독점할 수 있지만 그 결과는 공동체에 속한 사람의 평균치에 한참 못 미친다는 사실을 생각해보면 이해할 수 있다.

이처럼 소휵의 길 5단계에서 부富에 대해 말하는 이유는, 소휵의 길이 사람을 길들이는 일만이 아니라 부를 길러내는 일에 대해서도 말하기 때문이다. 소휵을 글자 그대로 풀면 '작게 길들이는(길러내는) 길'이다. 그러므로 소휵은 사람만이 아니라 작은 부를 길러내는 길이기도 하다.[7] 소휵을 '작은 부를 길러내는 길'이라는 관점에서 볼 때 그 조언의 핵심은 무엇일까? 이는 작은 부를 길러내려면 자신의 야생성에 굴레를 씌워 길들여야 한다는 말로 이해할 수 있다.

명리학命理學에도 이와 비슷한 관념이 존재하므로 이러한 관념은 동양학 전반의 사고방식이라 할 수 있을 듯하다. 명리학에는 재성財星이라는 개념이 있다. 재성이란 사람이 지닌 여러 특성 중 재財를 곧잘 만들어내는 속성을 말한다. 재는 재물, 재산을 포함하는 개념이니, 재성은 부를 곧잘 일구는 속성인 셈이다. 그런데 명리학은 인간의 재성이, 자기가 가진 맹목적 에너지인 식상食傷을 길들일 때 만들어진다고 설명한다. 맹목적으로 뿜어져 나오는 에너지는 인간의 야생성이라 할 수 있으며, 이를 길들인다는 것은 굴레를 씌운다는 말이다. 명리학에서는 이렇게 했을 때 재성이 만들어진다고 본다.

주변을 둘러보면 누구는 그다지 열심히 하지도 않는데 곧잘 재를 만들어내는 반면, 누구는 매우 열심히 하는데도 통 재를 만들어내지 못하는 경우가 있다. 이때 '열심히 하는 것'은 맹목적 에너지인 식상에 해당하며, 이는 인간이 본능적으로 갖춘 야생의 에너지다. 하지만 이에 굴레를 씌워 길들이지 않으면 재성은 길러지지 않는다.

여기서 굴레란 사회가 요구하는 기준을 받아들이는 것을 말한다. 어떤 사람이 재성을 갖추었다는 말은, 자신이 지닌 야생의 에너지를 사회가 요구하는 기준에 맞추어 구사할 수 있음을 뜻한다. 예를 들어 천재 화가 고흐는 엄청난 식상의 에너지를 갖추고 있었다. 하지만 그는 살아생전에 그림을 거의 팔지 못했다. 재성이 약했던 것이다. 그는 사회가 요구하는 기준, 즉 굴레에 갇히기를 거부했던 사람이다. 그 결과 천재적인 그림들을 남길 수는 있었지만, 재를 만들어내지는 못했다. 또한 자신이 갖춘 막대한 에너지의 폭주를 제어하지 못해서 나중에는 자기 귀를 스스로 자르기도 하고 결국 자살로 생을 마감하고 말았다.

반면 루벤스 같은 이는 고흐와 대조를 이룬다. 당대 유럽 전역의 국왕과 귀족들이 루벤스의 그림을 사지 못해 안달이었다. 그는 재성을 갖춘 사람이었고, 자신의 재능을 사회가 요구하는 기준에 맞추어 구사할 줄 알았던 것이다. 소휵의 길에 비추어 보면, 루벤스는 "믿음을 가지고 매여 있었고" 그 결과 "그 이웃함으로 인해 부유해졌다".

이상에서 살펴본 바와 같이 소휵의 길은 압축적인 문장을 통해 길들임과 관계 맺음의 본질에 대해 말할 뿐 아니라, 작은 부를 길러내는 원리에 대해서도 말하고 있다. 이처럼 역경의 텍스트는 그 추상성과 압축성 때문에 이중, 삼중의 의미를 동시에 지니는 경우가 많다. 역경의 메시지를 책에 가둘 수 없다는 말은 이 때문이다. 또한 여러 이야기를 동시에 하기 때문에 읽는 사람이나 보는 각도에 따라 그 메시지가 달리 읽히기도 한다.

인간을 상징하는 새의 의미

새는 여러 문명에서 공통적으로 땅의 세계에서 벗어나 하늘에 닿고자 하는 욕구를 지닌 인간 존재를 상징한다. 인류는 땅 위에 앉아 있다 하늘로 날아오르는 새의 모습에, 땅에 발 붙이고 살 수밖에 없지만 하늘에 닿고 싶은 자신의 염원을 투영했던 것이다. 이와 유사하게 역경에서도 새는 하늘로 비상하고자 하는 인간 존재를 상징한다.

새는 개체로서 자유를 희구하는 존재이며, 길들지 않은 야생의 에너지(식상)를 뿜어내는 존재다. 거칠 것 없이 하늘을 훨훨 날아다니는 모습이 그러한 에너지를 상징한다. 그런데 앞서 소흑의 길에서는 사람이면 누구나 이 같은 야생의 에너지를 길들여야 하며 그러기 위해 스스로 굴레를 받아들여야 한다고 했다. 그렇다면 굴레를 받아들인 새는 어떤 모습일까? 역경은 이를 관계의 그물망에 내려 앉은 새의 모습으로 파악한다. 그러한 모습은 한자 離(리)의 어원에 잘 담겨 있다(리괘에 대해서는 〈표 3〉 참조).

離는 离(리)와 隹(추)가 합쳐진 구조인데, 왼편의 리는 새를 잡는 그물로서 긴 장대 끝에 그물이 달린 모습을 형상화한 것이고 오른편의 추는 새를 나타낸다. 그러므로 离와 隹가 합쳐진 離는 긴 장대 끝에 달린 그물에 새가 걸린 모습을 나타낸 글자다. 결국 離의 원형적 의미는 '걸리다'라고 할 수 있다.

그물에 걸린 새는 빠져나가려고 날개를 푸드덕거리고, 그물은 새를 계속 붙잡아두려고 한다. 이 때문에 離는 '떠나다'는 뜻과 '걸려 있다'는 뜻 모두를 가진다. 정반대로 보이는 의미가 같이 있는 것이다. 離는 이를 통해 두 힘이 팽팽하게 동적 균형을 이룬 모습을 형상화한다. 그물에서 벗어나 창공으로 날아가려는 새의 욕구는 자유에 대한 희구이며 길들지 않은 야생의 에너지다. 새를 붙드는 그물은 그를 놓아 보내지 않는 굴레요, 관계에 따르는 사회적 책임에 대한 개인의 자각에 해당한다.

새는 무한한 자유를 희구하는 개체로서의 인간 존재를 상징한다. 새가 그물에 붙들렸다는 것은 굴레를 받아들였다는 것이며, 사회적 책임을 자각했다는 뜻이다. 결국 離(리)는 개체를 지양한 사회적 존재로서 인간이 놓인 상태를 상징하는데, 이는 관계의 그물망에 놓인 모습이라고 할 수 있다.

이처럼 사람이 관계의 그물망에 놓인 결과, 존재의 고민이 발생한다. 개체로서의 인간과 사회적 존재로서의 인간이 갈등하며 충돌하는 것이다. 사람은 이제 관계라는 보이지 않는 그물망에 항상 둘러싸인 상태에 놓였다. 자유를 희구하는 인간이 그물의 구속을 받아들여야 하는 모순적 상황에 직면하게 되었다. 이 같은 모순을 어떻게 소화하고 조화시킬 것인가는 인류의 영원한 숙제다. 사실 완전히 해결할 수 없는 숙제이며, 그 때문에 존재의 영원한 고민이 지속된다.

'그물에 붙들린 새'는 이처럼 '자유 대 구속'이라는 존재의 영원한 고민을 표현한 상징이며, 그 때문에 역경의 여러 갈래 길에서 다양하게 변주된다. 예를 들어 군자가 려旅(56)의 길에 나섰을 때 그 같은 딜레마에 맞닥뜨리게 된다. 려의 길은 군자가 스스로 공동체를 떠나 나그네의 방랑길에 나서는 경우에 해당한다. 물론 아무 이유 없이 방랑길에 나선 것은 아니다.

旅(려)는 '나그네, 여행하다, 객지살이하다, 군대' 등의 뜻으로 쓰인다. 려는 𣎵(언) + 从(종)으로 이루어졌는데, 언은 기치가 나부끼는 모양을 형상화한 글자이다. 그러므로 려의 원형적인 의미는, 기치[斿]를 내걸고 이에 따라 이동하는 일단의 사람들[从]을 뜻한다. 여기서 군대의 의미가 나왔다. 군대는 자신들이 표방하는 기치를 내걸고 이에 따라 이동하는 존재이기에 여기에서 '이동하다, 여행하다, 이동하는 사람, 나그네' 등의 뜻이 파생된 것이다.

그러므로 려의 길은 다른 어떤 것에도 구애받지 않고 오직 기치 하나를 높이 쳐든 채 자유로이 옮겨 다니는 길이다. 대의를 이루고자 어떤 목표를 좇을 때는 자유로이 옮겨 다닐 필요가 있고, 이런 경우 누군가와 긴밀한 관계를 맺는 것이 도리어 방해가 될 수 있다. 관계에는 필연적으로 구속이 따르기 때문이다. 그러므로 군자가 려의 길에 나섰을 때에는 친밀한 관계 맺기를 거부하는 대신 기동성 있게 움직일 자유를 택하는 것이다. 그 때문에 군자는 기존에 맺은 관계망의 안락함을 과감히 떨치고 나그네 길에 나선다. 려의 길은 이처럼 나그네의 방랑길에 나선 군자가 목표를 달성하는 방법에 대해 조언한다.

려의 길은 5단계에서 절정에 이르러 그 목표를 달성하고 6단계에서 과잉에 이른다. 역경은 려의 길 6단계에 대해 다음과 같이 말한다.

극상의 자리에까지 양이 오니, 새가 그 둥지를 불살라 버리는 상이로다. 나그네 길에 나선 사람은 먼저는 웃겠지만 나중에는 소리 내어 울게 되리라. 경계에서 소를 잃으니 흉하리라.[8]

여기서 새는 나그네 자신이며 개체로서의 인간 존재를 상징한다. 새는 하늘로 날아올랐다가도 다시 땅으로 돌아와야 하는 존재다. 자유로운 비상飛上, 하늘로의 비상을 갈구하지만 날개에 힘이 빠지면 다시 땅의 세계(둥지)로 돌아와야 하는 것이다. 반대로 새가 땅 위에 머물기만 할 것도 아니다. 만약 그렇다면 새가 땅 위를 걸어다니기만 한다는 말이니 새의 잠재력을 온전히 실현한 것이 아니다. 새라면 응당 날개를 활짝 펴고 푸른 하늘로 날아올라야 한다. 다만 그 비상이 영원히 지속될 수는 없는 것이니 땅 위의 둥지도 소중히 여겨야 한다는 뜻이다.

이 같은 새의 비유에는 절묘한 점이 있다. 인간이 하늘로 비상하는 영성과 살덩이로 이루어진 육체를 함께 지닌 존재임을 표현하기 때문이다. 인간은 새처럼 하늘에 속하는 영성과 땅에 속하는 육체를 둘 다 소중하게 생각해야 한다는 것이다. 그런데 려의 길 6단계에서는 새가 그 둥지를 불살라버리고 있다. 이는 새가 하늘로의 비상을 영원히 지속할 수 있다는 착각에 빠져서 다시는 비천한 땅의 세계로 돌아가지 않겠다고 선언한 것이다. 물론 이는 새의 착각일 뿐이다. 새는 육肉의 존재이므로 곧 날개에 힘이 빠질 것이며 땅의 세계로 돌아갈 수밖에 없다. 질량이 0인 영성만의 존재가 아니다. 살덩이 육체가 그의 존재를 무겁게 하므로 그는 곧 힘이 빠진다. 스스로 땅의 세계로 돌아가길 거부한다면 그를 기다리는 것은 추락뿐이다.

그럼에도 새(나그네)가 착각에 빠진 이유는 이전 5단계에서 달성한 성과에 도취되었기 때문이다. 숭고한 이상의 기치를 치켜들기만 하면 언제까지나 자유로운 방랑자의 삶을 살 수 있을 것이라 착각한 것이다. 이에 대해 역경은 "나그네 길에 나선 사람은 먼저는 웃겠지만 나중에는 소리 내어 울게 될 것"이라 말한다. 나그네 길에 나선 사람이 먼저 웃는 이유는 관계의 구속에서 벗어남으로써 자유를 얻었기 때문이다. 인간은 본능적으로 자유를 희구한다. 게다가 자유로운 기동성을 확보하면 특정 목표를 달성하는 데에는 효율적일 수 있다. 그러므로 처음에는 관계의 그물망에 갇혀 있는 것보다 나그네 길을 선택하는 편이 훨씬 좋아 보인다.

하지만 역경은 그 사람이 "나중에는 소리 내어 울게 될 것"이라 경고한다. 육의 존재인 새의 날개에 힘이 빠졌을 때 돌아가 안전하게 쉴 수 있는 둥지를 불살라버렸기 때문이다. 이는 나그네가 개체의 자유에 도취되어 자신이 사회적 존재라는 사실을 망각했음을 상징한다. 사회의 관계망을 떠나 홀로 존재하는 인간은 취약하다. 그에게는 고단한 날개를 접고 쉴 수 있는 둥지가 없다. 화창한 날씨라면 한참을 날 수도 있겠지만 폭풍우가 몰아칠 때라면 어찌할 것인가? 건강하고 활력이 넘칠 때라면 한참을 날 수 있겠지만 질병에 걸리거나 부상을 입었을 때는 어찌할 것인가?

사회의 관계망을 떠나 홀로 존재하는 인간은 자신의 잠재력을 충분히 실현할 수도 없다. 영원한 방랑자의 삶으로는 군자의 도를 실현할 수 없는 것이다. 그 때문에 사회의 관계망(그물)에 분명 구속이라는 성격이 있음에도 인간은 그 안에 머물러야 한다. 그 안에서라야 자신의 존재를 실현할 수 있기 때문이다. 그러므로 군자가 려의 길에 나서는 것은, 기존의 관계망에 안주해서는 이룰 수 없는 특정 목표를 달성하기 위한 임시조치일 뿐이다. 목표를 달성한 후에는 다시 사회의 관계망(공동체의 그물망)으로 돌아가야 한다.

"경계에서 소를 잃었다"라는 말은, 음과 양의 경계에서 음을 양으로 돌려세우는 일이 제때 이루어지지 못했다는 말이다.[9] 려의 길에서 음을 양으로 돌려세운다는 것은 나그네 길을 접고 관계에 정착한다는 말이다. 나그네 길은 한 가지 목표를 달성하기 위해 홀로 노력을 집중하는 길(응축하는 길)이므로 음에 해당한다. 반면 사람이 사회의 관계망에 합류하는 일은 양이다. 관계를 통해 자신을 발산하기 때문이다. 그러므로

"경계에서 소를 잃으니 흉하리라"라는 말은, 존재가 비상을 마친 후 제때 공동체의 그물망으로 복귀하지 않았기 때문에 흉할 것이라는 말이다. 그러므로 나그네 길에 나선 사람은 처음 길 떠날 때의 목표를 달성한 이상 바로 여행을 끝맺고 다시 둥지(공동체의 그물망)로 돌아가야 하는 것이다.

날아오른 새는 내려와야 한다

려의 길과 유사한 메시지가 소과小過(62)의 괘사에 다시 등장한다.

날아오른 새가 남기는 소리는 올라가서는 안 되고 의당 내려와야 대길하리라.[10]

소과의 길은 군자가 다소 과하게 행동하는 경우에 해당한다. 상경에는 대과(28)의 길도 있는데, 이처럼 역경의 길 중에 과過의 길이 있다는 것은 군자가 의식적으로 과하게 행동할 때가 있다는 말이다. 〈상전〉에 따르면 군자라고 해서 항상 공손하고 검약하기만 하는 것이 아니며, 군자가 공손하지 않고 과하게 행동하거나 검약하지 않고 과하게 쓰는 때가 있다.[11] 군자가 그렇게 행동하는 이유에 대해 〈서괘전〉은 믿음을 실천하기 위해서라고 말한다.[12] 그러므로 소과의 길은 군자가 다소 과하게 자신의 믿음을 실천하는 경우에 해당한다. 어째서 믿음을 실천하는 일이 소과일망정 과(過)에 이르는 것일까?

믿음을 실천하는 것은 그 믿는 바의 가치가 공동체에 '새로이' 자리 잡도록 하는 일이다. 그런데 새로운 가치가 사람들 사이에 자리 잡게 하는 일은 쉽지 않다. 기존의 가치를 밀어내고 새로 자리 잡아야 하기 때문이다. 사람들은 이미 자리 잡은 기존의 가치를 존중할 수밖에 없다. 그러므로 새 가치를 공동체에 퍼뜨리려는 사람의 실천이 웬만한 수준에서 멈춘다면, 그 공동체는 기존 가치로 돌아가버릴 것이다.

결국 누구든지 자신이 믿는 가치를 실현하고자 할 때는 그 가치가 뿌리내릴 수 있도록 하기 위해 '지나치게' 노력하게 된다. 이를 두고 〈서괘전〉은 "사물을 지나침이 있는 자는 필히 완수하게 된다"라고 말한다. 이 말을 뒤집어보면 사물을 지나침이 없는 자는 완수하기 어렵다는 말이 된다. 대충 노력해서는 새 가치가 자리 잡도록 만들 수 없다. 그 때문에 '지나친' 노력을 쏟게 되고, 여기서 다소 과한 행동이 발생하는 것이다.

이 같은 지나친 에너지(過)가 없다면, 인간 사회에는 관성의 법칙에 의해 한번 확립된 기존의 가치만이 영원히 지속될 것이다. 이러한 기존의 가치에서 벗어나는 새로운 가치를 확립하기 위해서는 지나친 에너지가 꼭 필요하다. 그 때문에 자신이 믿는 가치를 공동체에 실현하려는 군자가 다소 과하게 행동하는 것이다. 이는 사람이 공동체에 구속받기만 하는 것이 아니라는 의미가 된다. 군자가 과한 행동을 통해 자신이 믿는 가치를 실현한다는 것은, 개인이 공동체에 영향을 미치는 것이다.[13] 또한 자신이 믿는 가치를 실현하기 위해 공동체의 구속에서 벗어나 과하게 행동한다는 점에서 이는 새의 비상에 해당한다. 그 때문에 소과의 길에 새의 비상이라는 상징이 다시 등장하는 것이다.

소과의 괘사는 "날아오른 새가 내려와야 대길할 것"이라 말한다. 이는 날아오른 새가 비상의 목적을 달성했으면 내려와야 한다는 것이다. 목적을 달성했는데도 내려오지 않고 더 올라간다면 적절한 소과의 도를 잃고 만다. 새가 계속 하늘로 올라가는 것은 다소 과한 정도를 넘어 공동체의 규범에서 완전히 벗어나는 것이고, 내려오는 것이 규범의 그물망으로 돌아가는 것이기 때문이다.[14] 이처럼 소과의 괘사는 새가 적절하게 그 도를 지켜 내려온다면 대길할 것이라 말하고 있다.

역경이 '대길'을 말하는 경우는 총 다섯 번으로 드물기에 여기에서 특별히 대길을 쓴 이유에 대해 생각해볼 필요가 있다. 날아오른 새가 적절한 순간에 내려온다는 것은, 군자가 과의 도를 행하되 그 정도를 잘 조절한다는 말이다. 이렇게 하면 통상적인 경우보다 더 길한 결과를 가져올 수 있다는 말인데 왜 그럴까? 소과의 길은 과한 행동을 하는 것이므로 바둑으로 치면 강수를 두는 것이다. 바둑을 두다 보면 항상 물 흐르듯 자연스러운 수만 둘 수도 없어서 가끔 강수를 두게 된다. 그런데 이런 강수가 성공할 경우에는 통상적인 정수에 비해 더 큰 성과를 달성하게 된다. 소과의 괘사가 대길을 말하는 것은 이 때문이다.

과한 행동으로 대길한 결과를 가져올 수 있는 이유는 우선 새의 비상이 있었기 때문이다. 새가 비상하지 않고 공동체의 그물망에 안주하기만 하는 것은 새가 땅 위에서 걷기만 한다는 말이다. 이렇게 새가 걸어가는 것과 새가 날아올라 목표하는 지점에 이르러 내려오는 것을 비교하면 후자가 대길한 이유를 납득할 수 있다. 앞서 려의 길에서 둥지를 불사르면 안 된다고 했지만 그렇다고 계속 둥지에 머물러야 한다는 말은 아니다. 새는 응당 날개를 활짝 펴서 푸른 하늘로 날아올라야 한다. 새가 비상하지 않는다면 새가 아닐 것이다. 비상의 목적을 마쳤을 때 둥지로 돌아오면 되는 것이다. 소과의 괘사는 새가 이렇게 때에 맞추어 비상했다가 적절한 순간에 내려오면 대길할 것이라 말하는 것이다. 이처럼 때에 맞추어 적절하게 행동하는 것이 바로 '시중時中의 도道'에 해당한다.

앞서 닐스 보어는 모든 대립적인 것은 상보적이라 말했다.

지금까지 살펴본 새의 비상과 내려옴 역시 그러하다. 새의 비상과 내려옴은 서로 대립한다. 하늘로 날아오른 새는 땅 위의 세계로 돌아가고 싶지 않다. 그는 더 높이 오르고 싶다. 비룡은 더 높이 올라 항룡이 되며, 이카로스 역시 더 높이 날아오른다. 이처럼 영원한 비상을 꿈꾸는 욕구는 멈출 줄을 모른다. 하지만 육(肉)의 존재인 새는 둥지로 돌아가야 한다. 그는 땅 위의 세계로 내려와야 하는 것이다.

반대로 새는 돌아가 쉴 수 있는 땅 위의 둥지가 있기에 마음 놓고 하늘로 비상할 수 있는 것이기도 하다. 결국 새의 비상과 내려옴은 서로를 보완한다. 보완하면서도 대립하고, 대립하면서도 보완한다.

마음은 어디에 있을까

마음은 어디에 있을까? 이 질문을 던지면 대체로 머리라고 대답한다. 하지만 우리 마음은 머리가 아니라 가슴에 있다. 마음이 따뜻한 사람이라고 말하는 대신 가슴이 따뜻한 사람이라고 말할 수 있지만 머리가 따뜻한 사람이라고는 말할 수 없다. 마음이 떨린다는 말 역시 가슴이 떨린다고는 말할 수 있으나 머리가 떨린다고는 할 수 없다. 이를 보면 우리 마음이 머리가 아니라 가슴에 있다는 사실을 알 수 있다. 한자로는 마음을 심心으로 쓰는데 이는 심장의 모양을 형상화한 글자다. 옛사람들 역시 마음이 가슴에 있다고 생각했음을 알 수 있다.

그렇다면 생각은 어디로 할까? 이 질문 역시 대체로 머리라고 대답한다. 하지만 생각은 머리와 가슴으로 동시에 하는 것이다. 생각 사思는 정수리 신囟과 마음 심心이 결합한 모습인데, 여기서 신囟은 원래 사람의 둥근 머리 모양을 그린 것이었다가 나중에 사각형으로 모양이 변했고, 이후 밭 전田 자로 바뀌면서 본래의 의미를 유추하기 어렵게 되었을 뿐이다. 생각만 해도 가슴이 벅차오른다는 말은 생각이 머리로만 하는 것이 아니라 가슴과도 연결된 것임을 보여주는 사례다.[15]

머리와 가슴으로 동시에 생각한다는 것은, 사람과 사람 사이에 오해와 혼란, 갈등이 그토록 많은 이유를 설명해준다. 만약 모든 사람이 머리로만 혹은 가슴으로만 생각한다면 오해와 혼란, 갈등이 그리 많지 않을 것이다. 하지만 사람은 생각을 머리와 가슴으로 동시에 하도록 창조되었고, 그 혼합 비율은 사람마다 크게 다르다. 앞서 1장에서 사람마다 결이 다르다고 했는데 그 다른 점 중의 하나가 바로 이 대목이다. 생각의 비율이 머리 70 대 가슴 30인 사람과 그 반대인 사람은 생각의 결이 크게 다르다. 전자는 후자를 향해 원칙을 무시한다고 말할 것이고, 후자는 전자를 향해 몰인정한 사람이라고 할 것이다. 이런 이유로 사람이 모여 사는 공동체에서는 크고 작은 분란이 끊이지 않는다.

왜 이런 현상이 존재할까? 생물학적으로는 답이 나와 있다. 개체의 다양성이 클수록 생물 종 전체는 더 건강하기 때문이다. 개체의 다양성이 큰 생물 종이 진화 경쟁에서 유리하다는 말이다. 결국 우리 호모사피엔스 종이 개체의 다양성을 갖춘 것은 진화 경쟁에서 살아남은 결과라고 할 수 있다. 얼핏 생각하면 일사불란함이 좋을 것 같지만 일사불란함은 현상을 안정적으로 유지하는 데 도움이 될 뿐이다. 그런데 현상을 안정적으로 유지한다는 것은 진화하지 않는다는 말과 다르지 않다. 자연계에서 현상 유지에 안주하는 종은 치열한 진화 경쟁에서 도태되고 만다. 개체의 다양성이 커서 끊임없이 새로운 가능성을 모색하는 종이 승리하는 것이다.

결국 사람마다 결이 다르고 사고와 행동의 방식이 다른 이유는 그것이 더 바람직하기 때문이다. 사람이 모여 사는 공동체에선 차이에 의해 크고 작은 분란이 끊이지 않지만 그를 통해 다양성이 피어난다. 이처럼 사람마다 결이 달라서 일어나는 분란은 넓게 보면 공동체를 더욱 건강하게 한다. 단 그러려면 공동체가 최종적으로 그 분란을 극복해서 의사 결정을 이룰 수 있어야 한다. 만약 분란이 너무 커져서 의사소통 자체가 불가능해지면 곤란하다. 그러므로 결이 다른 사람들이 차이를 극복하고 소통할 수 있는 방법을 모색해야 한다. 이를 위해 고안된 것이 예禮라고 할 수 있다.

사람마다 타고난 결이 다르기에 사물을 대하는 태도에는 과불급過不及[16]의 차이가 있다. 같은 사물을 놓고도 누구는 과하게, 누구는 불급하게(모자라게) 반응한다. 이들이 관점의 차이를 극복하고 소통하려면 경우마다 과불급이 없는 기준이 필요하다. 그에 따라 동양에서는 경우마다 합당한 예를 설정하여 기준으로 삼았던 것이다. 역경이 설정한 64가지 길은 64가지 각 경우마다 과불급이 없도록 행동 기준을 설정한 예의 길이기도 하다.[17]

평균이 아닌 사람들에게 필요한 것

자연계에 존재하는 모든 것은 대체로 정규분포를 이룬다. 예를 들어 모든 한국인을 키 순서대로 세우고 그 결과를 그래프로 그리면 〈그림 20〉과 같은 정규분포를 이룬다. 평균 신장에 가까운 사람들이 ㉐ 그룹으로 제일 많고, 키가 작은 사람은 ㉐ 그룹, 큰 사람은 ㉑ 그룹에 속하는 것이다. 한국인의 독서량을 조사해도 마찬가지다. 독서량이 평균에 가까운 사람들이 ㉐ 그룹으로 제일 많고, 독서를 적게 하는 사람은 ㉐ 그룹, 많이 하는 사람은 ㉑ 그룹에 속한다.

이 외에도 정규분포 그래프는 사람의 모든 면에 적용할 수 있다. 사교성을 기준으로 삼을 수도 있고, 꼼꼼함을 기준으로 삼을 수도 있다. 이때 사람이 모인 공동체는 필연적으로 ㉐ 그룹에 초점을 맞춘다. 실제로 오늘날 우리가 살아가는 사회의 모든 제도가 ㉐ 그룹에 초점을 맞추고 있다. 대중매체에서 흘

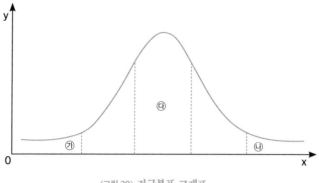

〈그림 20〉 정규분포 그래프

러나오는 광고 문구에서부터 영화, 드라마, 대중가요가 발신하는 메시지는 물론, 학교 교육 시스템에 이르기까지 모두 ㉬ 그룹에 집중한다. 이러한 상황에서 ㉬에 속한 사람들은 편안하다. 모든 사회제도가 그들을 기준으로 삼기 때문이다.

반면 ㉮와 ㉯에 속한 사람은 편안하지 못하다. 이들은 사회제도 자체가 그들과 결이 맞지 않으므로 항상 몸에 맞지 않는 옷을 입은 사람처럼 엉거주춤 살아가게 된다. 심할 경우 다른 문명에 홀로 떨어진 사람처럼 주변에 대해 낯설고 생경한 느낌을 품은 채 살아가기도 한다. 하지만 이들은 이 세상에 소금과 같은 존재다. 이들은 소수파이기에 사회제도상 불이익을 입지만, 또한 소수파이기에 그들의 존재 자체가 희소가치를 갖는다. 이 사회에는 이들이 유용하게 쓰일 자리가 꼭 있으며, 그들은 자신들이 아니면 불가능할 멋진 창조물을 이 세상에

선사한다.

　단 이들은 이 세상에서 자기에게 적합한 자리를 찾아내기 위해 의식적인 노력을 기울여야 한다. ㉐에 속한 사람들은 비교적 쉽게 자기 자리를 발견할 수 있다. 사회제도가 그들을 기준으로 만들어졌기 때문이다. 하지만 ㉮와 ㉯에 속한 사람들은 사회제도에서 일반적인 경우가 아니므로 상당한 노력을 기울여 자기 자리를 찾아내야만 하는 것이다. 앞서 3장에서 예로 든 영업부장의 경우도 총무부장이라는 대인을 만난 덕분에 자기 자리를 찾아낼 수 있었다.

　또 하나 이들이 반드시 익혀야 하는 것이 바로 예(禮)다. 예는 축구 경기의 규칙 같은 것이다. 규칙도 모른 채 축구를 하도록 내몰려서 경기장에 들어선 사람이 있다고 가정해보자. 경기를 하는 동안 그는 얼마나 당황하고 위축될까? 하지만 그가 경기의 규칙을 익히면 그때부터는 자신 있고 당당하게 축구장을 휘젓고 다닐 수 있다. 예의 취지는 이처럼 자유를 허용하는 데 있다. 예만 지키면 나머지는 자유롭게 허용된다. 또한 타인에게도 예를 지키라고 요구할 수 있다. 이를 통해 공정한 경쟁이 보장된다.

　㉮와 ㉯ 그룹에 속한 사람들은 타고난 기질(결)이 사회의 평균적 결과 잘 맞지 않는 사람들이다. 이때 예가 명확하게 설정되어 있으면 이들에게는 다행한 일이다. 이들은 예를 지킴으

로써 사회가 요구하는 조건을 과불급 없이 충족시킬 수 있다. 그러므로 이들은 예를 통해 사회와 조화를 이루면서 자신의 뜻을 달성할 수 있고, 예를 통해 기질의 차이를 극복하고 타인과 원만하게 소통할 수 있다. 이처럼 예는 공동체 내의 소수파와 약자를 위한 것이다.

또한 〈그림 20〉에서 ㉮와 ㉯ 그룹은 설정 기준에 따라 얼마든지 바뀔 수 있다는 사실을 생각해야 한다. 어떤 기준에서는 ㉰ 그룹에 속했던 사람도 다른 기준에서는 ㉮와 ㉯ 그룹에 속할 수 있다. 그러므로 예는 공동체 구성원 모두를 보호하기 위한 것이며, 공동체에 속한 개인(약자)이 다수(강자, 권력자)를 상대로 자기주장을 펼칠 수 있도록 보호하는 장치가 된다. 그래서 공자는 "예를 알지 못하면 (사람이) 설 수 있는 방법이 없다"[18]라고 말했던 것이다.

삶이 그대를 속일지라도?

알렉산드르 푸시킨은 〈삶〉이라는 시에서 "삶이 그대를 속일지라도 / 슬퍼하거나 노하지 말라"라고 말했다. 이어서 그는 "슬픈 날엔 참고 견디라 / 즐거운 날이 오고야 말리니"라고 했는데, 그보다 중요한 것은 삶이 우리를 속이지 못하도록 방지하는 일이 아닐까 한다. 이에 대해 공자는 다음과 같이 하면 삶이 우리를 속이지 못하도록 방지할 수 있다고 가르쳤다.

문文에 박학하고 예로써 요약한다면 역시 배반당하지 않을 수 있으리라.

《논어》〈안연顔淵〉 15장 1절[19]

문文에 박학하다는 것은 글로 배워서 아는 것이 많다는 것, 즉 박학다식하다는 말이다. 하지만 많이 아는 것만으로는 삶이 우리를 속이지 못하도록 할 수 없다. 이에 공자는 예로 요약할 수 있어야 한다고 했다. 예로 요약한다는 것은 일상의 삶에서 예를 실천 규범으로 삼는다는 말이다. 공자는 우리가 살아가는 일상의 삶에서 어떤 결정을 내릴 때 그 기준을 자신의 지식에 두지 말고 예에 부합하는지에 두어야 한다고 조언하고 있다. 그래야 삶에 배반당하지 않을 수 있다는 것이다.

왜 그럴까? 예가 아니라 자신의 지식에 기준을 둔다는 것은 어떤 행동일까? 상대가 더불어 말을 나눌 만한 사람이 아니지만 자신의 지식에 비추어 판단했을 때 현재로서는 그와 더불어 함께하는 것이 좋겠다고 결정을 내리는 것이 자신의 지식에 기준을 두는 행동이다. 공자는 이렇게 하면 결국 삶에 배반당하는 결과를 맞게 될 것이라고 한다. 그 결과 할 말을 잃게 되는 기막히는 지경에 처하게 될 것이라는 말이다. 그러므로 공자는 자신의 지식이 아니라 예를 기준으로 삼으라고 조언하는 것이다. 누군가의 말이 자신의 지식에 비추어 아무리 이익되는 것처럼 보일지라도 그가 예를 모르는 사람 즉, 더불어 말을 나눌 만한 사람이 아니라면 그의 말을 듣지 말라는 것이다. 이렇게 하면 삶에 배반당하지 않을 수 있다는 말이다.

예로써 요약한다는 것은, 번다한 지식을 동원하지 않더라도 예 한 가지로 삶에 대응할 수 있다는 뜻이다. 아무리 박학다식을 자랑한다 해도 앎에는 완결이 있을 수 없다. 그러므로 모든 것을 알고 나서 판단하고 실천하겠다고 하면 판단과 실천은 불가능하게 된다. 그러므로 세상살이에 대응하는 수단은 지식이 아니라 예여야 한다는 말이다.

"자기를 넘어서서 예로 돌아가라"[20]거나, "예가 아니면 보지 말라. 예가 아니면 듣지 말라. 예가 아니면 말하지 말라. 예가 아니면 움직이지 말라"[21]고 했던 조언이 모두 이를 뜻하는 말이다. 예가 아닌데 듣고 말하고 움직인다면 결국 삶에 배반당해서 할 말을 잃게 될 것이다. "머무르며 애쓸 곳이 아닌데 그리하면 이름이 필시 욕됨이 있고, 의지할 것이 아닌데 의지하면 몸이 필시 위태롭게 된다"[22]라고 했던 역경의 경고 그대로 될 것이다. 반면 나의 지식에 부족함이 있더라도 공자의 조언대로 오직 예 한 가지를 붙들고 나아간다면 삶이 그대를 속이지 못할 것이다.

이처럼 예로써 요약한다는 말은, 어째서 예가 필요한지를 잘 보여준다. 우리는 이 세상을 완전히 알지 못하지만 이 세상을 살아나가고 세상의 풍파를 헤쳐가야 한다. 이때 예는 세상의 풍파에서 나를 지키며 세상을 헤쳐 나갈 수 있는 수단이 된다. 삶은 한 번뿐이기에 그 같은 수단이 더욱 중요하다.

앞서 ㉮와 ㉯에 속한 사람들이 예를 익혀야 하는 또 다른 이유는 이 때문이다. 그들은 삶이 자신을 속인다고 느끼기 쉬운 처지에 있다. 그들의 타고난 기질(결)이 사회의 평균적인 결과 잘 맞지 않기 때문이다. 그러므로 이들은 지식을 쌓음으로써 자신을 지키려 들 수 있다. 주변에 대해 낯설고 생경한 느낌을 갖고 있기에 자신의 지식이 부족해서 속는다고 여길 수 있기 때문이다. 하지만 공자가 조언했듯이 지식이 아니라 예를 실천 규범으로 삼아야 비로소 자신을 지킬 수 있다. 다음과 같은 《논어》의 가르침 역시 예를 실천 규범으로 삼아야 함을 보여준다.

공손한데 예가 없으면 피로하고, 삼가는데 예가 없으면 두렵기만 하고, 용감한데 예가 없으면 난장판을 만들고, 곧은데 예가 없으면 헐뜯기만 한다.

《논어》〈태백泰伯〉 2장 1절[23]

공손함이 예에 가깝다면 치욕을 멀리할 수 있을 것이다.

《논어》〈학이學而〉13장 1절[24]

"공손한데 예가 없으면 피로하다"라는 말은, 무작정 아무에게나 공손하기만 해서 상대방의 무례에 끌려다니면 자신이 피로하기만 하다는 뜻이다. "삼가는데 예가 없으면 두렵기만 하다"라는 말은, 무작정 아무에게나 삼가기만 해서 상대방의 무례를 방치하게 되면 두렵기만 한 결과에 이른다는 말이다. 이는 둘 다 예에 부합한 행동이 아니다. 그렇다면 어떻게 해야 하는가? 앞서 "예가 아니면 보지 말라. 예가 아니면 듣지 말라. 예가 아니면 말하지 말라. 예가 아니면 움직이지 말라"고 했던 조언을 따르면 된다. 애초에 상대방이 예를 모르는 사람이거든 그와 만나지 말고, 듣지 말고, 말하지 말고, 함께 행동하지 않으면 된다. 이렇게 하면 공손하고 삼가는 태도를 갖추면서도 피로하거나 두려워할 일이 없다.

"공손함이 예에 가깝다면 치욕을 멀리할 수 있을 것"이라는 대목 역시 비슷한 뜻을 전한다. 만약 아무에게나 무작정 공손하기만 해서 상대방의 무례에 끌려다니면 치욕을 당할 수 있다는 경고다. 무조건적인 공손함은 예와 거리가 멀다는 사실을 알 수 있다.

그럼에도 예라고 하면 무조건적인 복종을 요구하는 것이라는 오해가 널리 퍼져 있다. 하지만 이는 군국주의 일제가 왜곡해서 퍼뜨린 관념이지 전통 시대 예의 실체와는 거리가 멀다. 가령 《예기(禮記)》는 어버이와 임금과 스승을 섬기는 예를 다음과 같이 명시하고 있다.

> 어버이를 섬김에는 은미하게 하면서 (안색을) 범하는 일이 없어야 하며 …… 임금을 섬김에는 (안색을) 범하는 일은 있으나 은미하게 하는 일이 없어야 하며 …… 스승을 섬김에는 (안색을) 범할 일이 없고 은미하게 할 일도 없으며…….
>
> 《예기》 〈단궁상(檀弓上)〉 2장 [25]

여기서 '(안색을)범한다'라는 것은, 윗사람의 허물을 돌려 말하지 않고 그대로 지적함으로써 윗사람의 안색을 변하게 하는 것을 가리킨다. 그런데 어버이와 임금과 스승을 섬길 때 이와 관련한 예를 각기 달리해야 한다는 것이다. 그 이유에 대해 주희는 다음과 같이 풀이한다.

> 부모는 인(仁)이 깃들인 존재이니, 부모에게 과(過)가 있다 하여 (안색을) 범하도록 하면 은혜를 상하는 것이 된다. 그러므로 은미하게 하면서 범하는 일이 없도록 하는 것이다. 임금은 정의(義)가 깃들인 존재이니, 과가 있을 때 은미하게 하는 것은 아첨함

에 가깝다. 그러므로 (안색을) 범할 정도로 하며 은미하게 하지 않는다. 스승은 진리[道]가 깃들인 존재이니, 간諫하는 것이 절대 거부되지 않을 것이므로 (안색을) 범할 일이 전혀 없다. 과가 있으면 마땅히 의문을 갖고 물어야 할 것이니 은미하게 할 일도 전혀 없다.

《소학小學》〈명륜明倫〉통론通論 3장의 주석[26]

이처럼 임금과 스승을 섬기는 전통시대의 예는 무조건적 복종과는 거리가 멀었다. 실제로《조선왕조실록》기록에는 신하가 국왕의 안색을 범할 정도로 허물을 들추어 지적하는 사례가 부지기수다. 이황과 기대승의 논쟁[27]을 통해서도 '스승에게 과가 있으면 마땅히 의문을 갖고 물어야 할 것이니 은미하게 할 일이 전혀 없다'는 주희의 풀이에 과장이 없음을 알 수 있다.

군국주의 일제 외에 19세기에 아시아를 침탈했던 서구 제국주의 세력 역시 자신들의 침탈을 정당화하고자 전통 시대 동양학의 가르침을 의도적으로 폄훼했다. 동아시아인들 스스로도 이러한 폄훼를 수용한 측면이 있다. 지난 세월 서구 제국주의의 침탈을 막아내지 못한 역사를 반성하는 차원에서 그러한 폄훼를 수용했던 것이다. 그에 따라 오늘날 동양학 혹은 동양사상이라고 하면 고리타분하거나 뻔한 말씀이라거나 공허한 얘기쯤으로 치부한다. 하지만 과연 우리가 동양 사상을 제대로 알고서 평가하는 것인지 돌아볼 필요가 있다.

예를 들어 동양 사상에는 천하의 모든 사람이 형제가 될 수 있다는 사상이 있다. 이를 두고도 이상적이지만 뻔한 이야기, 또는 공허한 이야기 정도로 치부하는 경우가 많은데, 이런 생각을 품고 있는 사람들이 원래의 가르침을 정확히 아는 경우를 거의 보지 못했다.

> 군자가 경敬하여서 실수가 없고, 다른 사람과 함께할 때 공손하면서도 예가 있다면 사해 안에 있는 사람들이 모두 다 형제입니다. 군자가 어찌 형제가 없다고 걱정하겠습니까?
>
> 《논어》〈안연〉 5장 4절[28]

원래의 가르침을 보면 아무나 형제가 될 수 있다는 말이 아니다. 예를 갖춘 사람끼리는 사해 안에 있는 사람들이 모두 다 형제라는 것이다. 혈연, 지연, 학연이 있다고 해서 형제 삼을 것이 아니라 예를 갖춘 사람끼리 형제가 될 수 있다는 말이다. 예의 가치를 믿으며, 예에 의지해서 나아가는 사람들이 형제가 될 수 있다. 예를 통해 서로 간의 기질 차이를 넘어 소통할 수 있으며, 그렇게 할 때 사해 안에 있는 사람들이 모두 다 형제가 될 수 있다는 말이다. 이 풍진 세상에서 희망을 보아내는 말이 아닐 수 없다.

위의 글은 형제가 없어 우울해하는 사마우司馬牛에게 자하子夏가 위로 삼아 해준 말이다. 어찌 보면 이는 세상의 모든 소수자들을 위한 위로가 될 수 있다. 세상의 소수자들은 예를 방패 삼고 예에 의지함으로써 사해 안에 있는 모든 사람과 형제가 될 수 있다. 예가 소수파와 약자를 위한 것이라는 말은 이런 뜻이다.

역경은 그 특성으로 인해 과거, 현재, 미래에 모두 적용할 수 있는 예의 길을 담은 책이다. 사람이 인생길에서 마주칠 수 있는 모든 경우(64가지)마다 과불급이 없는 예의 기준을 제시한 것이다. 이 기준만 충족시키면 나머지는 자유다. 이를 통해 주변과 조화를 이루면서 자신의 뜻을 달성할 수 있다. 이처럼 역경을 통해 세상의 결을 익히면 이제 축구장을 자신 있게 휘젓고 다닐 수 있다. 삶이라는 파도를 두려워하지 않고 그 결을 즐길 수 있게 된다.

그물의 벼리를 조종하는 사람

역경이 공동체의 관계망에 놓인 인간을 그물에 걸린 새에 비유한 것에는 절묘한 점이 있다. 공동체 안의 개인은 언제나 그물에 걸려 있고 그 그물은 분명 구속이다. 그런데 그것을 구속이라 느끼고 몸부림 치면 칠수록 그물은 더욱 옥죄어 든다. 반면 그물의 결을 읽고 결을 따라 밟아나가면 덜 옥죄어 든다. 또한 그물의 벼리를 찾아내 당기면 개인이 그물 전체를 부릴 수도 있다.

하늘이 땅을 내고 또 사람을 낸 뜻은, 경륜을 익혀 이 세상 그물의 벼리를 조종해보라는 뜻이다. 소과의 길에서 군자는 비상을 통해 공동체의 구속에서 벗어나 자신이 믿는 가치를 공동체에 실현할 수 있었다. 이처럼 사람은 공동체에 구속받기만 하는 것이 아니라 공동체에 영향을 미칠 수도 있는 것이다.

역경은 인생길에서 마주치는 64가지 경우마다 어떻게 하면 도(하늘의 뜻)를 달성할 수 있는지 그 방법을 제시하니, 그 길을 따라가면 공동체를 위해서도 최선이고, 나를 위해서도 최선인 상태에 다다를 수 있다. 이처럼 군자가 팔을 걷고 나서서 과불급이 없도록 적중하게 행동한다면 이 땅 위에서 하늘의 뜻을 실현할 수 있다는 것이 역경의 결론이다. 이는 군자 개인에게도 희망의 메시지이며 공동체에도 희망의 메시지가 아닐 수 없다. 군자로서는 개인의 뜻을 달성할 수 있고, 공동체에는 예와 정의[義]가 확립되기 때문이다.

또한 이 같은 결론이 당위를 제시한 것이 아니라 현실 세계를 관찰한 결과 도달한 결론이라는 점이 역경의 가장 큰 특징이자 가치라고 할 수 있다. 현실을 관찰한 결과 현실 긍정의 철학에 도달한 것이다. 이 같은 결론은 우리에게 큰 희망을 주고, 우리가 절망의 나락에 빠지지 않게 붙들어준다. 하늘을 원망하고 사람을 탓하지 않도록 붙들어주는 것이다. 그 때문에 다산은 하늘을 원망하고 사람을 탓하는 말은 진정으로 도를 아는 말이 아니라고 했던 것이다.

물론 이 땅 위에 도를 실현하는 것이 그냥 되는 일은 아니다. 군자가 이 세상 그물의 벼리를 당길 때 그는 숱한 길흉회린을 지어내고, 떨칠 수 없는 회한과 고뇌에 시달릴 것이다. 그럼에도 그는 노예가 아니고 객客이 아니며 주인[主]이기에 판단과 실천을 포기할 수 없다. 그가 길흉회린을 지어낼 때 그는 이 세상과 미래에 영향을 미친다. 결국 군자란 객체가 아니라 주체로 사는 사람이며, 실천을 통해 의미 있는 변화를 지어내는 사람이다. 그러므로 군자, 즉 사람이 희망이다. 오직 사람만이 실천을 통해 의미 있는 변화를 지어낼 수 있기 때문이다.

5장

인생의 여행길에
필요한 마음 자세

주역이 밝힌 인생에서 가장 중요한 세 가지

가고자 하는 바가 있다

역경에 가장 많이 등장하는 세 구절을 꼽자면 유유왕有攸往, 유부有孚, 정貞함을 들 수 있다. 이 세 가지가 역경에 가장 많이 등장한다는 것은, 역경을 정립한 점인들이 수천 년간 관찰을 거듭한 결과 그것들이 인간의 삶에서 가장 중요하더라는 말이다. 그러므로 이 세 가지를 살펴보면 역경과 인생을 이해하는 데 큰 도움이 될 것이다.

우선 유유왕은 "가고자 하는 바" 즉 군자가 자신의 삶을 통해 무언가 이루고자 하는 바가 있다는 뜻이다. 가슴에 품은 뜻, 꿈에 그리는 이상, 삶의 목적 등이 있다는 말이다. 역경에서 군자가 품은 이러한 목적은 삶이 위기에 빠졌을 때 붙들 수 있는 생명줄이 되고, 삶을 지탱하는 버팀목이 되어준다. 군자가 큰 과오(대과 大過·28)를 범한 순간에도 위기를 넘어서는 원동력으로 작용하며, 광명의 횃불이 꺼진 절체절명의 순간(리 離·30)에도 국면을 역전시키는 동력이 되어준다. 이처럼 군자가 가고자 하는 바는 각 괘마다 결정적인 순간에 해결의 실마리가 된다.

왜 그럴까? 빅터 프랭클의 《삶의 의미를 찾아서》라는 책을 보면 그 이유를 짐작할 수 있다. 이 책은 정신과 의사였던 빅터 프랭클이 제2차 세계대전 중 독일의 아우슈비츠 강제수용소에 갇혔던 경험을 기록한 것이다. 그는 생사의 경계에 선 채 자신과 동료 수인들의 체험을 기록했는데, 그를 통해 사람에게 삶의 의미가 중요하다는 사실을 발견했다. 굳이 가스실이 아니더라도 수용소의 극한 상황은 끊임없이 사람을 죽음으로 몰아갔다. 수용소 세계의 영향력을 정신적으로 극복하지 못한 사람, 자신의 내면을 단단히 장악하지 못한 사람은 몸과 마음이 한순간에 허물어져 죽어 나갔다. 반면 미래를 향한 목적 의식을 잃지 않은 사람은 정신적으로 꼿꼿이 버틸 수 있었다. 그러므로 프랭클은 "왜 사는지를 아는 사람은 어떤 고난도 이겨낼 수 있다"는 니체의 말을 인용한다. 그 같은 상황에서 살아남은 사람들은 모두 살아야 할 이유가 있는 사람이었다는 것이다. 또한 그의 경우는 그 체험들을 기록으로 남겨야겠다는 생각이 수용소에서 계속 살아갈 의미가 되었다고 한다.[1]

이에 비추어 보면 군자가 품은, 가고자 하는 바의 목적은 그가 살아야 할 이유이며 살아갈 의미라고 할 수 있다. 빅터 프랭클의 관찰처럼 목적은 사람이 고난을 넘어서게 하는 원동력이기에 각 괘마다 결정적인 순간에 해결의 실마리로 작용하는 것이다. 군자에게 목적이 있다는 것은 군자가 자신의 천명을 인식하고 그 명에 부응하는 삶을 산다는 말이기도 하다. 사람은 누구나 하늘로부터 명받은 바가 있다.[2] 이에 대해 공자와 정이는 다음과 같이 말한다.

> 명命을 알지 못하면 군자가 될 방법이 없다.
> : 정자가 (이 말에 대해) 풀이하기를, 명을 안다는 것은 명이 있음을 아는 것이며 명이 있음을 믿는 것이다. 사람이 명을 알지 못하면, 해害를 보면 무조건 피하기만 할 것이고 리利를 보면 무조건 좇을 것이다. 어찌 군자가 될 수 있겠는가.
>
> 《논어집주》〈요왈〉 3장 1절[3]

공자의 언명에 대한 정이의 풀이를 보면, 명을 안다는 것[知命]은 명이 있음을 아는 것이며 명이 있음을 믿는 것이다. 즉 군자가 되기 위한 조건인 지명知命은 유유왕과 아울러 그에 대한 믿음까지 내포한 개념임을 알 수 있다. 양자가 불가분의 관계에 있는 것이다.

또한 정이의 풀이는 소아小我에 집착하는 소인의 행동이 어디에서 비롯되는지를 보여준다. 사람이 해害를 보면 무조건 피하기만 하고 리利를 보면 무조건 좋는다는 것은, 오로지 눈앞의 이해타산에 따라 움직인다는 말이다. 이는 전형적인 소인의 행동 양태이며 소아에 집착하는 태도다. 정이는 그와 같은 소인의 행동 양태, 소아에 집착하는 태도가 어디에서 비롯되는지를 적절히 지적하고 있다. 하늘이 자신에게 부여한 명이 있다는 사실을 알지 못하기에, 즉 소아를 넘어서는 더 중요한 것이 있음을 알지 못하기에 그 같은 행동을 한다는 것이다.

결국 천명을 알아야 소아를 넘어설 수 있고, 비로소 군자가 될 수 있는 것이다.

머무를 곳을 안 후에야 정해짐이 있고, 정해진 후에야 차분히 살필 수 있고, 차분히 살핀 후에야 평안할 수 있고, 평안한 후에야 사려할 수 있고, 사려한 후에야 이룰 수 있다.

《대학장구大學章句》경經 1장 2절[4]

위 《대학》 구절에 따르면, 자신이 머무를 곳이 어디인지 알지 못하면, 정해짐이 없고 차분히 살필 수 없으며 평안할 수 없다고 한다. 우리의 불안이 어디에서 연유하는지 잘 보여주고 있다. 이처럼 평안하지 못한 사람은 사려할 수 없기에 무엇을 이룰 수 없다. 이는 사람이 자신의 천명(머무를 곳)을 알지 못하면 불안하고 조급해져서 어떤 성취도 이룰 수 없음을 잘 보여준다. 그러므로 자신에게 부여된 천명이 무엇인지를 선명하게 정립하고 그 안에 머무르는 것이 중요하며, 그때라야 군자가 될 수 있다.

문이 질이고 질이 문이다

그렇다면 나에게 부여된 천명은 구체적으로 무엇일까? 자신에게 부여된 결을 살피면 자신의 천명을 알 수 있다. 나에게 부여된 결은 하늘이 부여한 것이며, 천명은 그 독특한 결을 살려서 멋진 작품을 만들어보라는 것이다. 결국 천명은 자기를 실현하라는 것이다. 자기실현이 어떤 것인지는 자기 기己 자에 답이 있다. 己(기)는 줄이 굽은 모양을 형상화한 글자이다. 이는 자기[己]가 펼쳐 일으켜져야 하는 존재임을 뜻한다. 자기는 출발점으로 주어진 것일 뿐 우리 모두는 향후 그 잠재력을 제대로 펼쳐 나가야 하는 것이다. 이처럼 굽어 있는 잠재력을 제대로 펼쳐 나가는 것이 자기실현이며, 그렇게 잠재력을 펼쳐

서 멋진 작품을 완성해보라는 것이 내게 주어진 천명이다. 이
때 자기를 펼쳐서 완성하려는 노력이 《논어》에서 말한 문[文]과
질[質]의 문제이다.

> 극자성이 이르기를, 군자는 질박[質]할 따름인데 어찌하여 문채
> [文]를 더합니까?
> 자공이 이르기를, 애석하군요, 선생께서 군자를 말씀하심은.
> …… 문이 질과 같고 질이 문과 같습니다. 호랑이와 표범의 다
> 듬지 않은 날가죽은 개나 양의 날가죽과 같은 법입니다.
>
> 《논어》〈안연〉 8장 1~3절[5]

　문이 질과 같고 질이 문과 같다는 자공의 언명은 인간에 대
한 탁월한 통찰이다. 사람은 타고난 바탕[質] 즉, 출생에 의해
결정되지 않는다는 말이다. 자기[己]는 출발점으로 주어진 자
신의 바탕[質]이며, 굽어 있는 잠재력을 펼쳐 일으키고자 노력
하는 것이 문채[文]를 더하는 것이다. 문채를 더함으로써 굽어
있는 자기를 펼치면 그의 본바탕[質]은 바뀌게 된다. 그 때문에
자공은 문과 질이 같다고 말한 것이다.
　이는 사람이 어제의 자기와 결별할 수 있다는 말이 된다. 나
의 질은 문을 덧붙여 오늘 완성된다. 문을 덧붙임으로써 굽어
있는 자기를 펼쳤다면 오늘의 나는 어제의 나와 다른 존재가

되는 것이다. 또 이렇게 오늘의 내가 새로운 존재가 되었다면 그 때문에 나의 과거 역시 바뀐다. 오늘 나타난 결과에 따라 지나온 과정의 의미가 달라지기 때문이다. 이렇게 해서 사람은 자신의 과거를 바꾸고 어제의 자기와 결별할 수 있다.

류영모[6]와 함석헌은 하루를 평생처럼 살았던 것으로 유명한데, 거기에는 위와 같은 의미가 담겨 있었다. 오늘 나의 노력으로 지금까지 평생의 의미가 바뀌기 때문이다. 이는 일일신우일신日日新又日新에 담긴 뜻이기도 하다.

진실로 오늘 하루 새로워졌거든 나날이 새롭게 하며 또 날로 새롭게 하여라.

《대학장구》전傳 2장 1절[7]

사람이 진실로 오늘 하루 새로워진다면 그는 어제까지의 자기와 결별하고 지금까지 살아온 평생의 의미를 바꿀 수 있다. 사람이 단번에 완벽해질 수는 없다. 하지만 나날이 조금씩 새로워질 수는 있다. 이렇게 사람이 수양을 통해 어제보다 나은 오늘의 내가 되었을 때 희망이 있는 것이다. 또 그 희망이 우리를 부끄럽게 하지 않는다. 그러므로 군자는 문文을 더하는 노력을 그칠 수 없는 것이다.

군자가 문을 더한다는 것은 자신을 절차탁마切磋琢磨 한다는 말이다. 이에 대해서는 주희가 《대학장구》를 통해 적절히 풀이한 바 있다.

> 문채를 발하는 군자여, 자른 듯 마름질한 듯 쪼은 듯 간 듯하구나.
> : (여기서) 자른 듯 마름질한 듯하다는 것은 도학道學을 배웠음을 말하는 것이다. 쪼은 듯 간 듯하다는 것은 자기수양自修을 했다는 말이다.
>
> 《대학장구》전 3장 4절[8]

주희의 풀이처럼 자신을 자르고 마름질하는 절차切磋는 학문을 배움으로써 이룰 수 있다. 하지만 자신을 쪼고 가는 탁마琢磨는 학문을 배우는 것으로는 이룰 수 없고, 앞서 살펴본 대화 작용을 통해 이룰 수 있다. 주변과의 관계를 통해 제 몸이 깎여 나가는 고통을 받아들이는 것이 자신을 쪼고 가는 탁마이며, 자기 수양自修인 것이다. 옥이 쪼아짐으로써 찬란히 빛나는 옥기를 이루듯 군자는 자신을 쪼고 가는 자기 수양을 통해 찬란한 문채를 발하게 된다. 이를 통해 어제보다 나은 오늘의 자기가 되며 유용한 존재가 되는 것이다.

이처럼 사람은 주변과의 관계를 통해 더 나은 존재가 될 수 있다. 공자가 "내가 사람의 무리와 함께하지 않는다면 누구와 함께하겠는가"[9]라고 말한 뜻도 이와 관련이 있다. 사람은 다른 사람들과 함께하는 관계 속에 존재할 때라야 자기를 넘어설 수 있기 때문이다. 그러므로 군자는 자기 주관만 고집하는 것이 아니라 주변과 더불어 함께하는 것이다. 비상의 시기를 마치면 관계의 그물망으로 돌아가는 것이다.

문이 질과 같고 질이 문과 같다는 자공의 언명은 인간 존재에게 희망을 주는 말이라고 할 수 있다. 귀천하는 그날까지 자신의 노력으로 문채를 덧붙인 것이 자기의 질인 것이다. 만약 애써 문을 덧붙이는 노력을 포기해버린다면 그 또한 그의 질일 것이다. 이처럼 자신의 노력에 의해 자기는 최종적으로 완성된다.

자기의 질이 어떤 모습인가? 결국 우리 삶이 이 질문에 대한 대답이 될 것이다. 이 땅을 떠나 하늘로 돌아가는 그날까지 자신의 노력을 덧붙임으로써 최종적으로 완성된 것이 자기의 본모습[質]이다. 그때의 모습이 자기를 실현한 모습이며 천명에 부응한 모습이라고 할 수 있다.

나를 위한 단 한 번의 여행

2001년 4월, 미국인 사업가 데니스 티토는 약 2000만 달러

(213억 원)를 지불하고 국제우주정거장ISS을 방문하여 8일간 머무르다 돌아옴으로써 세계 최초의 민간인 우주 여행객이 되었다. 2000년대에 러시아가 자국 우주인을 국제우주정거장에 보낼 때 드는 비용을 벌충하기 위해 로켓에 빈자리를 하나 마련해 관광객을 받으면서 가능해진 일이었다. 이 사업은 2010년에 중단되었는데 그때까지 총 일곱 명이 거액의 돈을 내고 우주여행을 다녀왔다.

사람들이 우주여행에 이토록 많은 돈을 내고도 아까워하지 않는 이유가 무엇일까? 여러 가지가 있겠지만 기본적으로는 다른 사람들이 아직 해보지 못한 희귀한 여행이기 때문일 것이다. 하지만 이보다 더 희귀한 여행이 있다.

그 여행은 글자 그대로 유일무이한 여행이다. 빅뱅으로 우주가 열린 이래 처음 있는 여행일뿐더러 미래에도 다시 없을 단 한 번뿐인 여행이다. 이와 같은 여행이 있다면 정말 기가 막힌 여행이 아닐까? 그 여행은 바로 자신의 인생 여행이다. 지구상에 있는 80억 명의 사람들 중에서 나와 똑같은 사람은 아무도 없다. 과거에도 없었고 미래에도 없을 것이다. 그러므로 지금 내 앞에 놓인 인생의 여행길은 천지창조 이래 누구도 가보지 않은 길이고, 앞으로도 누구도 갈 수 없는 길이다. 결국 이 길은 태초부터 나만을 위해 예비된 길이며 지금까지 나를 기다려온 것이다. 그 길을 걸을 사람은 오직 나밖에 없기에.

내 앞에 놓인 이 길[道]은 결국 내가 걸어야 할 길이다. 이는 누구도 대신할 수 없는 나의 사명이다. 나는 그와 같은 천명을 부여받고 태어난 것이다.

믿음이 있다

역경이 말하는 인생에서 가장 중요한 두번째 요소는 '유부有孚'다. 유부는 "믿음이 있다"는 뜻인데, 이 세상에 천도 (하늘의 뜻)가 살아 있음을 믿는 것이다. 이처럼 역경이 믿음을 인생에서 가장 중요한 요소 중 하나로 본다는 점이 흥미롭다. 단지 점괘 풀이의 정확성을 높이고자 현실을 관찰해서 검증해나간 역경이 믿음의 중요성을 강조하고 있는 것이다. 이 때문에 17세기에 중국에 왔던 유럽의 선교사들은 역경이 기독교의 진리를 담고 있지 않을까 기대하기도 했던 것이다. 그렇다면 역경이 보는 믿음의 가치는 무엇일까? 이와 관련하여 감坎(29)의 괘사는 다음과 같이 말한다.

 거듭 구덩이에 빠지더라도 믿음이 있으면 마음을 유지할 수 있어서 형통하리라. 행하면 숭상받음이 있으리라.[10]

거듭 구덩이에 빠진다는 것은, 구덩이에 빠지는 시련을 당한 사람이 어떻게든 털고 일어나 사태를 수습해보려고 하는데 또다시 구덩이에 빠지는 상황을 말한다. 엎친 데 덮친 격이며, 이를 통해 최악의 상황에 빠진 경우를 상징하고 있다. 역경은 이처럼 최악의 상황에 빠진 경우라도 군자에게 "믿음이 있으면 마음을 유지할 수 있어서 형통"할 것이라 한다. 형통할 것이라는 말은 어떻게든 그 상황을 뚫고 나갈 수 있을 것이라는 말이다.

마음을 유지하는 것이 중요한 이유는 앞서 살펴본 바와 같이 우리의 마음이 머리가 아니라 가슴에 있기 때문이다. 가슴(마음)은 때로 벅차오르기도 하고 떨리기도 하고 철렁하기도 한다. 머리가 냉철한 것임에 비해 가슴은 뜨거운 것이다. 그러므로 가슴은 진폭이 크다. 신바람을 일으켜서 기대 이상의 성과를 이루게도 하지만 필요 이상으로 낙담에 빠지게도 한다. 거듭 구덩이에 빠지는 최악의 상황이 닥쳤을 때 과도한 낙담과 절망에 빠질 수도 있는 것이다.

그런데 생각은 머리와 가슴으로 동시에 하는 것이기에 가슴이 과도한 낙담으로 얼어붙을 경우 중요한 순간에 판단을 그르칠 수도 있어 문제가 된다. 이 때문에 마음을 유지하는 것이 중요한 문제로 부상하는 것이다. 그런데 이때 믿음이 있으면 마음을 유지할 수 있어서 최악의 상황일지라도 어떻게든 뚫고 나갈 수 있다고 한다.

그렇다면 믿음은 무엇에 대한 믿음일까? 역시 이 세상에 천도(하늘의 뜻)가 살아 있음을 믿는 것이다. 이 세상에 하늘의 뜻이 살아 있음을 믿는다면 무엇이 두렵겠는가?

이 세상은 하늘의 뜻이 점점 실현되고 있는 공간이다. 그러므로 이 세상은 덧없는 세상이 아니다. 얼핏 보면 이 세상에 온갖 거짓과 타락, 변덕, 변칙만이 난무하는 것 같지만, 이들 변덕과 변칙이야말로 덧없는 것으로 시간이 흐르면 썩어 없어지고 말 것들이다. 반면 하늘의 뜻(원칙, 법칙, 진리)은 영원하다.

따라서 사람은 썩어 없어질 변칙과 예외에 휘둘릴 것이 아니라 영원의 법칙인 하늘의 뜻을 위해 살아야 한다. 이러한 믿음이 있으면 어떤 상황에서도 불안과 두려움을 능히 떨쳐버릴 수 있다. 상황에 휘둘리지 않고 자신 있게 앞길을 헤쳐 갈 수 있는 것이다. 이러한 자신감이 있어야 흔들림 없이 세상의 온갖 변칙과 예외에 대응할 수 있다. 이 때문에 역경이 마음을 유지하기 위한 조건으로 믿음을 언급하는 것이다.

괘사에서 "행하면 숭상받음이 있으리라"라고 한 대목도 흥미롭다. 이는 최악의 상황에 빠졌을 때에도 믿음을 갖고 마음의 평정을 유지한 채 행동하면 그 모습 때문에 사람들이 그를 숭상할 것이라는 말이다. 이는 믿음의 부수적인 효과라고 할 수 있겠다.

역경에서는 믿음이 효력을 발휘하는 경우를 더 찾아볼 수 있다. 앞서 살펴본 소휵(9)의 5단계도 그러하다. "양이 다섯 번째에 오니, 믿음을 가지고 매여 있구나. 그 이웃함으로 인해 부유해지리라"라고 하여 공동체의 구성원들이 믿음을 바탕으로 결속하면 그로 인해 부유해진다고 말했다. 이때 믿음은 공동체 구성원 상호 간에 신뢰를 형성하는 기능을 할 것이다. 만약 구성원들이 서로를 믿지 못하는 상황이라면 단지 이웃하는 것만으로 부유해질 수는 없을 것이다. 이를 경제학의 시각으로 보면, 믿음은 사회적 자본의 중요 구성 요소인 신뢰의 수준을 높이는 기능을 하는 것으로 볼 수 있다. 흔히 전체는 부분의 합보다 크다고 한다. 이는 공동체에 참여하는 모든 사람이 사회적 분업으로 생산성 향상 효과를 누릴 수 있음을 표현한 말로 볼 수도 있다. 하지만 공동체의 구성원 사이에 믿음이 없다면 그 같은 시너지는 발생하지 않을 것이다.

역경의 61번째 괘인 중부中孚는 공동체 구성원들이 공통의 믿음을 쌓는 길에 대해 말한다. 그런데 중부의 길은 우선 그 위치가 흥미롭다. 중부의 길 이후 군자가 이끄는 공동체는 자신들이 그동안 추구해온 필생의 과제를 성취하기 위해 마지막 도전에 나서게 된다. 그 도전은 대천大川을 건너 피안彼岸의 세계에 도달하려는 지난한 과제로 상징된다. 여기에 성공하면 기제既濟(63)에 이르고, 실패하면 미제未濟(64)에 이르러 역경의 여행이 끝을 맺게 된다.[11] 그런데 역경은 이처럼 공동체가 필생의 도전에 나서기 위해서는 반드시 중부의 길을 거쳐야 한다고 말하는 셈이다. 이는 공동체의 완성은 규범의 확립만으로는 부족하며 공통의 믿음으로 더욱 통합되어야 한다는 말로 볼 수 있다. 이처럼 굳게 통합되었을 때라야 공동체의 역량이 극대화되어 지난한 과제에 도전할 수 있다는 뜻이다.

한편 믿음이 개인에게 어떤 영향을 미칠 수 있는지에 대해서는 헨리 데이비드 소로가 《월든》에 수록한 다음 글을 주목할 만하다.

나는 경험에 의하여 적어도 다음과 같은 것을 배웠다. 즉 사람이 자기 꿈의 방향으로 자신 있게 나아가며 자기가 그리던 바의 생활을 하려고 노력한다면 그는 보통 때는 생각지도 못한 성공을 맞게 되리라는 것을 말이다. 그때 그는 과거를 뒤로하고 눈에 보이지 않는 경계선을 넘을 것이다. 새롭고 보편적이며 보다 자유로운 법칙이 그의 주변과 내부에 확립되기 시작할 것이다. 그렇지 않으면 묵은 법칙이 확대되고 더욱 자유로운 의미에서 그에게 유리하도록 해석되어 그는 존재의 보다 높은 질서를 허가받아 살게 될 것이다. 그가 자신의 생활을 소박한 것으로 만들면 만들수록 우주의 법칙은 더욱더 명료해질 것이다.[12]

사람이 꿈의 방향으로 나아간다는 것, 자기가 그리던 생활을 하려고 노력한다는 것은 자신의 천명을 인식하고 그 명에 부응하는 삶을 살려는 것을 말한다. 이때 '자신 있게' 나아갈 것을 말하는데, 자신自信은 스스로 믿는 것이기에 믿음이 있어야 가능한 일이다. "그는 보통 때는 생각지도 못한 성공을 맞게 되리라"라고 하는데, 이와 같이 특별한 결과는 자기 꿈에 대한 믿음과 그에 따른 자신감이 없으면 불가능할 것이다.

　　"그때 그는 과거를 뒤로하고 눈에 보이지 않는 경계선을 넘을 것"이라고 한 것은, 자기己를 신장시킴으로써 과거의 나와 결별함을 이르는 것이라고 볼 수 있다. 윗글에서 여러 번 언급한 '법칙'은 도道를 말하는 것으로 볼 수 있다. "새롭고 보편적이며 보다 자유로운 법칙이 그의 주변과 내부에 확립되기 시작할 것"이라는 말은, 그에게 도의 길이 명료하게 인식될 것이라는 말로 볼 수 있다. 결국 사람이 자기 꿈의 방향으로 자신 있게 나아갈 때 도의 길이 명료해지며 그에게 유리하게 작용할 것이라는 말로 읽는다. "존재의 보다 높은 질서를 허가받아 살게 될 것"이라고 말한 대목은 도를 깨친 사람의 삶에 대한 적절한 묘사라고 할 수 있다.

정_貞하다는 것

앞서 살펴본 유유왕은 군자에게 가고자 하는 바의 목적이 있다는 뜻이며, 유부는 그 같은 목적에 대한 믿음이 있다는 뜻이다. 역경은 이에 더해 군자가 정_貞함을 갖추어야 한다고 말한다. 그런데 이 정함은 우선 그 의미를 명쾌하게 우리말로 옮기는 것부터가 쉽지 않다.

정_貞은 '곧다, 지조가 굳다, 마음이 곧바르다, 점치다' 등의 뜻을 갖는 글자다. 자형을 보면 卜과 貝이 합해진 구조인데, 卜(점치다 복)은 앞서 1장의 〈그림 1〉에서 살펴본 바와 같이 거북점을 칠 때 귀갑이 터지면서 갈라진 금을 형상화한 글자로 하늘의 계시를 상징한다. 여기 쓰인 貝은 '조개 패'가 아니라 신성한 제기인 정_鼎의 생략형이다. 결국 두 글자가 합쳐진 貞은 신성한 제기에 하늘의 계시를 내려받는 모습을 형상화한 글자이며, 이를 통해 하늘의 계시를 대하는 사람의 마음 자세가 '곧다, 지조가 굳다, 마음이 곧바르다'는 뜻을 나타내는 글자인 것이다.

그에 따라 역경에서 '정_貞하다'는 표현은 '어려운 상황에서도 꺾이지 않고 처음에 품었던 뜻을 올곧게, 굳게 지킨다'는 의미로 쓰이고 있다. 마음 자세로는 '꺾이지 않는 마음'을 가리킨다고 할 수 있겠는데, 매 경우마다 함의가 조금씩 다르기 때문에 필자는 '정하다'는 표현을 그대로 쓴다.

역경에는 일반적인 정貞 외에 안정安貞, 빈마지정牝馬之貞, 유인정幽人貞, 간정艱貞, 석서정鼫鼠貞, 무인지정武人之貞 등 사람의 정한 마음가짐이 7가지 종류로 구분되어 쓰였다.[13] 이를 보면 역경을 정립해낸 은나라에서는 정에 대한 관념이 매우 발달했음을 알 수 있다.

그런데 이상과 같은 정貞함은 왜 필요한 것일까? 《중용》의 택선고집擇善固執이 그 대답이 될 듯하다.

> 성誠이라는 것은 하늘의 도요, 성하고자 하는 것은 사람의 도다. 성에 이른 자는 힘쓰지 않고도 적중하며 생각하지 않고도 터득하여 조용한 가운데 도에 맞으니, 성인聖人이다. 성하고자 하는 자는 선善을 가리어 택해서 고집스레 잡고 있는[擇善固執] 사람이다. 널리 배우고, 주의 깊게 살펴서 묻고, 신중하게 생각하고, 분명하게 판별하고, 독실하게 행해야 한다.
>
> 《중용장구》 20장 18절[14]

성誠은 유교에서 군자가 지녀야 할 최고의 실천 덕목, 혹은 군자가 지녀야 할 태도로 생각하는 가치로, '진실되고 망령됨이 없는 태도', 즉 진실무망眞實無妄으로 정의된다. "성하고자 하는 것이 사람의 도"라는 말은, 사람은 하늘과 달리 유한한 존재이기에 성인이 아닌 이상 100퍼센트 완전한 성에 도달할 수는 없지만 그러고자 노력한다는 말이다. 이때 사람의 도를 다하고자 하는 자는 선을 가리어 택해서 '고집스레' 잡고 있어야 한다는 구절이 주목된다. 성인이라면 힘쓰지 않고도 적중하며 생각하지 않고도 터득할 수 있기에 조용한 가운데 도에 맞을 수 있겠지만 보통 사람은 고집스레 노력해서 널리 배우고, 주의 깊게 살펴서 묻고, 신중하게 생각하고, 분명하게 판별하고, 독실하게 행하지 않으면 사람의 도를 다할 수 없다는 것이다. 이처럼 사람이 고집스레 노력해서 독실하게 행하는 자세가 정貞함이다.

군자에게 가고자 하는 바의 목적이 있고 그 같은 목적에 대한 믿음이 있다면, 군자는 믿는 바를 실현하고자 노력할 것이다. 이때 그 노력이 고집스러울 정도가 되어야 실현할 수 있다는 것이다. 그러므로 정함을 간략하게 정의하자면, 마음 자세로는 '꺾이지 않는 마음'이며, 외적 자세로는 고집스러울 정도로 굳은 실천의 자세 정도로 말할 수 있지 않을까 한다. 이때 실천의 대상은 군자가 믿는 목적[有攸往]이다.

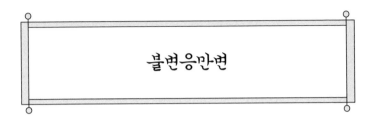

불변응만변

1945년, 해방을 맞아 귀국하기 전날 저녁 백범 김구 선생은 "불변응만변不變應萬變"이라는 다섯 글자를 써서 족자에 담았다. 이는 '불변은 만변에 응한다'는 뜻으로, 풀이하면 불변은 만변을 두려워하지 않으며 만변에 기꺼이 응할 수 있다는 말이다. 이 말은 변화에 대처하는 군자의 자세를 나타내는 표현으로 널리 쓰이는데, 당시 김구 선생의 심중을 잘 대변한다.

불변응만변, 이 다섯 글자는 역경의 철학을 함축한 글이기도 하다. 지금까지 살펴본 인생에서 가장 중요한 것 세 가지, 즉 유유왕과 유부, 정함 중에서도 중심을 이루는 것은 가고자 하는 바의 목적이라고 할 수 있다. 그처럼 군자가 평생 지향하는 목적이 역경의 64가지 여행길의 각 고비마다 해결의 실마리가 되어주는 것이다.

이러한 군자의 목적은 변하는 것이 아니다. 하지만 군자가 여행의 갈림길에서 새로운 길로 접어들 때마다 그 길을 통해 달성해야 하는 '목표'는 매번 변한다. 이 때문에 역경은 군자에게 길마다 시중時中할 것을 요구하면서 변화를 받아들이라 촉구하는 것이다. '변화의 법칙'으로서의 역易의 성격이 바로 이것이다. 이에 대해 역경은 다음과 같이 말한다.

생명을 더욱 생기 있게 하는 것을 일러 역易이라 한다.

《주역》 〈계사상전〉 5장[15]

변화의 법칙인 역이 "생명을 더욱 생기 있게 하는" 작용을 한다는 말이다. 과연 그럴까? 그렇다면 변화가 없으면 생명은 생기를 잃게 되는 것일까? 모든 생명은 본능적으로 변화를 싫어하기 때문에, 변화의 속성에 대한 역경의 이 풀이는 곰곰이 생각해볼 필요가 있다.

생명은 그 정의 자체가 항상성을 유지하는 것이다. 예를 들어 무생물인 바위는 주변 온도에 따라 그 온도가 달라지지만 생명체인 사람은 주변 온도가 변해도 항상 36.5도를 유지한다. 이는 생명체만의 특성으로, 모든 생명체는 항상성을 유지한다. 이는 생명을 유지한다는 말과도 같으며, 생명체의 생존 본능이라고도 할 수 있다. 그러므로 모든 생명체는 생존 본능에 따라 변화를 거부한다. 따라서 생명체에게 변화는 싫은 일이다. 그렇다면 도대체 왜 변화가 필요하단 말인가?

이에 대해서는 생명체의 항상성 자체가 사실은 변화를 통해 유지된다는 점을 생각해볼 필요가 있다. 우리가 속한 우주는 엔트로피 증가 법칙의 지배를 받는다. 엔트로피란 쉽게 말해 무질서한 정도를 뜻한다. 엔트로피의 증가는 무질서의 정도가 커진다는 말이며, 우리 우주는 항상 엔트로피가 증가하는 방향으로 변화한다는 물리법칙(열역학 제2법칙)의 지배를 받는다. 즉 우리 우주에 속한 만물을 가만히 놓아두면 점점 무너져 내려 무질서도가 증가하는 것이 자연의 법칙이다.

결국 어떤 사물이 변하지 않으려면 엔트로피 증가 법칙을 이겨내야 한다. 그러므로 어떤 사물이 항상성을 유지한다는 말은, 그 사물이 사실은 끊임없이 변화하고 있다는 말과 같다. 항상성을 유지하는 생명체 역시 마찬가지다. 생명은 엔트로피 증가의 법칙을 거스르면서 항상성을 유지하기 위해 끊임없이 변화하는 것이다.

다시 사람의 체온에 대해 생각해보자. 체온이 항상 36.5도로 유지되는 이유는, 몸이 끊임없이 변화하기 때문이다. 체온을 유지할 열에너지를 생산하기 위해 사람의 위장은 늘 아비규환의 현장이다. 위장은 음식물과 함께 들어온 세균의 체내

침투를 막기 위해 강산성의 위액을 내뿜어 세균을 죽인다. 하지만 그토록 강한 산성은 위벽 세포에도 치명적이어서, 소화를 담당하는 위벽 세포는 2시간 30분밖에 살지 못한다. 결국 2시간 30분마다 위벽 세포는 죽어 나가고 새로 태어난 위벽 세포가 소임을 이어받는다. 인간의 몸을 이루는 세포 역시 원래는 하나의 생명이었는데, 이처럼 매시간 위벽 세포는 자신이 속한 공동체인 사람의 몸을 위해 희생하고 있는 것이다. 이들의 희생을 통해 우리 몸은 항상 36.5도의 체온을 유지할 수 있다. 매 순간의 끊임없는 변화를 통해 항상성을 유지하는 것이다. 만약 사람의 몸이 글자 그대로의 항상성을 유지하고자 일체의 변화를 거부한다면, 그 즉시 엔트로피 증가 법칙의 적용을 받아 무너져 내리기 시작할 것이다. 사람이 죽었을 때 몸이 부패하는 현상이 바로 그것이다.

이 같은 이치는 우리 우주의 삼라만상에 모두 적용된다. 인간이 만든 제도나 조직도 마찬가지며, 더 나아가 진리의 체계 역시 마찬가지다. 진리의 체계가 교조화하고 화석화되면 그때부터 무너져 내리기 시작한다. 결국 무엇이든 불변하는 하나가 유지되려면 끝없이 변화하지 않을 수 없다. 생명을 생기 있게 하는 것이 역이라는 역경의 통찰은 바로 이러한 변화의 작용을 지적하는 것이라고 할 수 있다.

이 같은 이치는 자기[리]에도 적용된다. 사람이 글자 그대로의 자기를 고수하고자 일체의 변화를 거부한다면, 자기의 신장을 이루기는커녕 그 즉시 무너져 내리기 시작할 것이다. 그러므로 군자는 새로운 길에서 마주치는 변화의 요구를 거부하지 않고 기꺼이 거기에 응하는 것이다. 역경이 길마다 요구하는 것은 굽어 있는 자기를 넘어서서 변화하라는 것이다. 그 변화 요구에 응해 길을 답파할 때마다 군자는 하나씩 새로운 도를 깨치게 된다. 그리하여 어제보다 나은 오늘의 내가 된다. 자기 신장을 이루는 것이다. 앞서 소로는 그 모습을 묘사하기를, "그는 존재의 보다 높은 질서를 허가받아 살게 될 것"이라 했다. 하나씩 새로운 도를 깨칠 때마다 군자는 보다 높은 존재 질서를 허가받아 살게 되는 것이다. 이것이 도가 달성된 모습이라 할 수 있다.

　반면 이 같은 변화 요구에 부딪히지 않으면 자기[리]는 생기를 잃고 침체할 것이다. 이 상태로는 자기의 잠재력을 다 발휘할 수 없다. 자기에게 부여된 잠재력을 실현하라는 것이 천명인데, 그 잠재력을 꽃피우지 못하고 열매를 맺지 못할 것이다. 그러므로 군자는 새로운 길에서 마주치는 변화의 요구를 거부하지 않고 그에 응하는 것이다.

　하지만 그 같은 변화를 통해 최종적으로 도달하고자 하는 목적은 변하지 않는다. 군자에게는 불변하는 하나의 목적이 있기에 새로운 길이 나타날 때에도 중심을 잡고 유연하게 목표를 변경할 수 있다. 결국 군자는 불변하는 하나로 이 세상의 천태만상에 대처하는 것이다. 그렇지 않다면 군자는 군자가 아닐 것이다.

군자는 불변하는 하나를 갖고 있기에 능히 나와 다른 남을 포용해서 그와 보조를 맞출 수 있다. 만약 군자에게 확고한 중심이 없다면 오히려 남과 보조 맞추기를 두려워할 것이다. 중심이 잡히지 않은 상태에서 남과 함께하면 자기를 잃고 표류할 위험이 있기 때문이다. 《중용》은 이런 군자의 태도에 대해 다음과 같이 말한다.

그러므로 군자는 조화를 이루되 휩쓸리지 않으니 강하도다, 꿋꿋함이여! 적중한 가운데에 서서 한쪽으로 기울지 않으니 강하도다, 꿋꿋함이여!

《중용장구》 10장 5절[16]

군자가 조화를 이룬다는 것은 자기 주관만 고수하지 않고 나와 다른 남을 포용해서 그와 보조를 맞추는 것이다. 변화의 요구를 수용하는 것이다. 휩쓸린다는 것은 그러한 변화의 요구를 수용하다가 그만 자기를 잃고 표류하는 것을 말한다. 군자가 조화를 이루면서도 휩쓸리지 않는 비결은 그에게 불변하는 하나의 중심이 있기 때문이다. 이를 바탕으로 군자는 만변

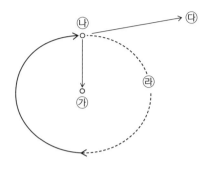

〈그림 21〉 중심과 순환

에 응하면서도 표류하지 않을 수 있다. 이를 일러《중용》은 "적
중한 가운데에 서서 한쪽으로 기울지 않는다"라고 표현했다.

　이를 그림으로 표현하면 〈그림 21〉과 같다. 그림에서 ㉮는
군자의 중심(불변하는 하나)이다. ㉯는 주변의 변화 요구와 조
화를 이루는 군자의 행동이다. 이러한 군자의 행동이 중심을
놓치면 ㉰와 같이 끈 떨어진 연이 되어 표류하는 신세가 되고
만다. 이는 새의 과도한 비상에 해당한다. 반면 중심과 연결된
끈을 놓치지 않으면 ㉱와 같이 순환을 이루게 된다. 이것이 바
로 태극의 순환이 상징하는 바다. 그러므로 지금까지 살펴본
역경의 철학은 모두 태극이라는 상징 하나에 함축되어 있다.

태극에 담긴 철학

건의 길과 곤의 길

태극은 역경의 1번 괘인 건과 2번 괘인 곤이 서로 맞물려 순환하는 모습을 형상화한 것이다. 여기서 건은 32양괘를 대표하는 양 기운의 상징이며, 곤은 32음괘를 대표하는 음 기운의 상징이다. 그러므로 건과 곤의 순환은 나머지 모든 괘의 순환을 대표하며 음과 양의 순환을 상징한다.

〈그림 22〉가 보여주는 태극의 모습은 오늘날 태극기에 그려진 태극과는 모양이 조금 다른데, 전통 시대 태극의 모습은 원래 이런 모양이었다. 〈그림 23〉은 미국과의 통상조약에서 사용되었던 우리나라 최초의 태극기인데, 이를 보면 〈그림 22〉와

건괘(1)

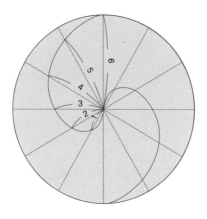

곤괘(2)

〈그림 22〉 건·곤의 여섯 단계와 태극의 관계

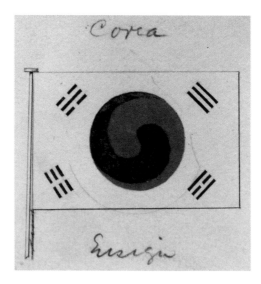

〈그림 23〉 1882년 조미수호통상조약에서 사용된 우리나라 최초의 태극기

같은 옛 태극의 모습을 취하고 있음을 알 수 있다. 태극의 도안 관련해서는 그 회전 방향이 논란이 되기도 한다. 태극은 시계 방향으로 회전하는 것인데, 회전하면서 점점 커지는 것이므로 〈그림 22〉와 같이 그리는 것이 맞다. 이를 반대 방향으로 그릴 경우는 회전하면서 점점 작아지므로 맞지 않게 된다.

태극에서 건은 우주를 구성하는 두 기운인 음과 양 중에서 양의 작용을 상징하는 양 기운의 결정체이다. 앞서 3장에서는 새로운 것이 탄생해서 성장하는 과정에 적용되는 건괘의 법칙을 여섯 단계로 나누어 살펴보기도 하였다.

> 무극이면서 태극이니, 태극이 동動하여서 양을 낳는다. 동이 극에 달하면 정靜하게 된다. 정하여서 음을 낳는다. 정이 극에 달하면 다시 동하게 된다. 한 번은 동하고 한 번은 정하니 서로 그 뿌리가 된다. 음으로 나뉘고 양으로 나뉘니 양의兩儀가 세워진다.
>
> 《태극도설》[17]

《태극도설》은 "동動이 극에 달하면 정靜하게 되며 정하여서 음을 낳는다"라고 했다. 이는 〈그림 22〉에서 건의 도가 6단계 과잉에 이르러 극에 달한 직후 안쪽에서 곤의 도가 시작되는 모습으로 표현된다. 그림에서 건의 도가 6단계 항룡에 이른 상황을 살펴보면 양효가 여섯으로 꽉 찬 상태는 순간적으로만 존재한다. 5단계 비룡에 올라선 후 하나 남은 바깥쪽의 음을 마저 없애 항룡이 되는 바로 그 순간, 생각지도 못한 음이 안쪽에서 생겨난다. 이는 건의 도가 6단계 과잉에까지 이르면 유지가 불가능하다는 사실을 보여준다. 항룡의 상태를 고집하면 추락하고 마는 것이다. 그래서 항룡은 후회가 있다고 했다.

이처럼 건의 도가 6단계 과잉에 이르렀을 때 예상치 못한 곳에서 새로이 곤의 도가 시작된다. 곤의 도 1단계를 보면 곤의 세력은 이제 1이요, 건의 세력은 5나 된다. 하지만 이제는 곤의 도가 상황을 주도해간다. 건의 세력은 아직 5가 남았지만 쇠퇴하는 중이며, 곤의 도는 이제 1이지만 일취월장하기 때문이다. 이렇게 해서 건과 곤은 서로 맞물리면서 순환한다.

건과 곤이 맞물려 순환한다는 것은 구체적으로 어떤 의미를 가질까? 양 기운의 결정체인 건의 도는 군자가 새로운 성장을 이루고자 할 때 따라가는 길이므로 직관적으로 이해하기 쉽다. 그에 비해 음 기운의 결정체인 곤은 그보다 어렵다. 우선 곤은 음과 양 중에서 음의 작용이 어떤 것인지를 보여준다. 양의 가장 기본적인 성질이 팽창이라면, 음의 기본적인 성질은 응축이다.

양 기운의 팽창하는 성질은 성장을 지향하는 원리라고 이해할 수 있는데, 음 기운의 응축하는 성질은 무엇을 위한 것일까? 우선은 내실을 다지기 위한 것이라 말할 수 있다. 그렇다면 내실을 다진다는 것은 구체적으로 어떤 행동일까? 성장에만 집중하느라 빚어진 부작용을 치유하는 것이 내실을 다지는 행동이라 할 수 있다.

성장은 그냥 이룰 수 있는 것이 아니므로 집중적인 노력을 필요로 한다. 그러므로 성장을 지향하는 동안은 주의가 온통 성장에 집중되어 나머지를 소홀히 하는 부작용이 빚어진다. 특히 성장 자체에 집중하느라 자신의 존재 목적을 잊는 주객전도가 빚어질 수도 있다.

난초의 성장을 예로 들어보자. 난초가 빠르게 성장하기만 하면 좋을까? 난초가 빠르게 성장하면 웃자라기만 해서 꽃을 피우지 않는 일이 자주 벌어진다. 성장에만 정신이 팔려 본래 목적이었던 꽃 피우기를 잊는 것이다. 그러므로 난초 애호가들은 난초가 적절한 시기에 꽃을 피우도록 특별히 신경 써서 관리한다.

이 같은 일은 인간 세상에도 비일비재하다. 가족을 위해 돈을 벌면서도 돈 버는 일에 너무 몰두하다 가족에 소홀해진 가장, 고속 성장에 몰두하다가 파산하고 마는 회사, 경제성장에 몰두하다가 국가 부도 위기를 맞았던 우리나라 등이 이런 사례에 해당한다. 바로 이런 일들이 항룡으로 올라서는 것이며 새의 과도한 비상이라고 할 수 있다. 비상 자체에 정신이 팔린 나머지 무엇을 위한 비상인지 잊고, 끈 떨어진 연이 되어 표류하고 마는 것이다.

이 같은 사태를 막기 위해 필요한 것이 음 기운의 응축이다. 《태극도설》은 이를 정靜으로 표현했다. 정은 흔히 고요하다는 뜻으로 새기는데 이는 나중에 파생된 의미일 뿐이다.《설문해자》에 따르면 "정은 살피는 것[靜 審也]"이다. 특히 마땅함을 얻기 위해 상세히 살피고 헤아리는 것이라 할 수 있다.[18] "동이 극에 달하면 정하게 된다"는 것은 성장을 지향하는 동안에는 주의가 온통 밖으로만 향하다가 성장이 극에 달하면 눈길을 안으로 돌려 살피게 된다는 뜻이다. 자신이 마땅하게 나아가고 있는지 살피고 헤아리게 된다는 말인데, 이는 유유왕에 비추어 살피는 것이며 존재의 근본 목적에 비추어 살피는 것이라 할 수 있다. 난초를 예로 들면 꽃을 피운다는 자신의 존재 목적에 비추어 그 성장이 합당한지 살피는 것이다. 도대체 무엇을 위한 성장인지 주객전도가 빚어지지 않도록 살피는 것이다.

그렇다고 해서 어린 난초가 너무 일찍 꽃을 피우는 것도 좋지 않다. 충분히 성장한 뒤에 꽃을 피워야 자신의 잠재력에 합당한 아름다운 꽃을 활짝 피울 수 있기 때문이다. 어린 난초가 너무 일찍 꽃을 피우면 제 잠재력을 다 발휘하지 못한다. 이는 새가 겁을 먹은 나머지 비상하지 못하고 땅 위만 걸어 다니다 일생을 마치는 것과 같고, 용이 4단계에서 도약하지 못하는 것과 같다.

존재가 자신의 잠재력에 합당한 성장을 이룬 후 알맞은 때에 꽃 피우고 열매 맺는 것은 단순한 일이 아니다. 이것이 역경이 강조하는 시중時中이며, 새가 알맞은 때에 비상하고 또 내려오는 것이다. 이것이 건과 곤의 건강한 순환이며 태극이 상징하는 바다.

태극의 의미

개인의 삶에서 꽃피우고 열매 맺는다는 것은 무엇일까? 그것은 군자의 유유왕, 즉 꿈꾸던 이상의 꽃을 피우고 열매 맺는 것을 말한다. 자기가 믿는 가치를 공동체에서 실현하는 것이며, 자신에게 부여된 천명을 실현하는 것이다. 그 실현을 볼 때 군자의 삶이 결실을 거두었다고 할 수 있다.

〈그림 24〉에서 건의 시기는 새의 비상이며 용의 도약이다. 사람의 일생에 비유하자면 자아를 확립하고 개체의 성장을 추구하는 전반생에 해당한다. 이때 〈표 7〉에서 건의 작용 장長에 대응하는 덕이 예禮라는 것은 예가 설 수 있는 수단, 즉 자아 확립의 수단이 된다는 뜻이다. 이를 통해서도 예가 개체를 구속하는 수단이 아니라 개체의 성장을 이루는 수단임을 알 수 있다.

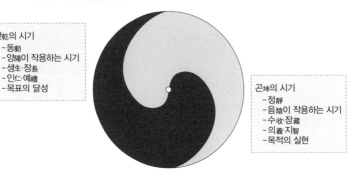

<〈그림 24〉 건의 시기 대 곤의 시기

곤의 시기에는 새가 둥지로 돌아와 관계의 그물망으로 내려온다. 개체는 관계의 그물망을 통해 자기가 믿는 가치를 실현한다. 이는 개체의 자기실현이며 천명의 달성이고, 또 개체가 공동체에 영향을 미친다는 뜻이기도 하다. 곤의 작용 수收에 대응하는 덕이 의義라는 것은 개체가 비상을 마친 후 공동체로 복귀해서 자기가 믿는 가치를 공동체의 의리(규범)로 확립해내야 한다는 뜻이다.

건의 성장은 집중적인 노력을 요구하므로 그 도가 극에 달하면 과도한 집중으로 부작용을 초래한다. 그 때문에 사람은 자칫 자기 중심을 잃고 표류할 위험이 있다. 이때 곤의 도가 갈

구분	태극			
	건		곤	
	동		정	
	양		음	
작용	생生	장長	수收	장藏
덕	인仁	예禮	의義	지智

〈표7〉 건과 곤의 작용과 덕

마듦으로써 부작용을 해소하고 균형을 회복하게 된다.

우주의 리듬은 곤의 도가 필요한 시점에 신호를 주는 것처럼 보인다. 예를 들어 계절의 순환이 그렇다. 여름에서 가을로 계절이 바뀌면 날이 짧아지고 그와 더불어 만물이 영향을 받는다. 여름날의 열정, 의욕, 탐욕이 사그라들면서 시선은 자연스레 내면을 향한다.

인생의 리듬에도 역시 가을이 있다. 사람이 중년에 접어들면 자신의 날이 짧아짐을 느끼기 시작한다. 분석심리학의 관찰에 따르면, 사람이 이 시기에 이르면 그동안 바깥으로만 향하던 에너지가 내면으로 향하게 된다고 한다. 그에 따라 인생의 전반기에 매우 중요하다고 생각했던 삶의 목표, 소위 성공이라고 불리는 삶의 목표가 시시하게 느껴진다. 그동안 성공을 목표로 치열하게 살아왔는데 어느 날 문득 그러한 삶이 '자기[己]'를 온전한 존재로 만들어주지 않는다는 사실에 직면하게 된다. 그로 인해 심리적 공허감을 마주하게 되며 인생이 무의미하게 생각되어 우울증에 빠질 수도 있다. 그러므로 이 시기에는 새로운 가치 체계에 맞춰 자신의 생활을 바꿔나가는 것이 중요한 과제로 떠오른다고 한다.[19]

이는 우주의 리듬이 사람에게 자연스레 곤의 도로 넘어가도록 신호를 주는 것이라고 할 수 있다(〈표 8〉 참조). 건의 시기인 젊은 날에 사람은 이 세상에서 자신의 위치를 확립하고 성장을 추구하느라 온갖 노력을 쏟는다. 눈앞에 놓인 여러 문제를 해결하고 현실적인 요구에 부응하는 일은 쉽지 않다. 마주치는 여러 장애를 극복하면서 나와 내 가족을 부양할 물질적 성취를 이뤄야 한다. 그 무거운 짐을 감당하기 위해 때론 결단을 내려야 하고 이를 위해 굳센 의지를 다져야 한다.

구분	건의 시기	곤의 시기
	동	정
리듬	봄·여름	가을·겨울
시선	외부	내면
추구 대상	물질	가치
단계	중간목표 달성	존재 목적 실현

〈표 8〉 사람의 인생과 비극

하지만 젊은 날 이룬 물질적인 성취는 목적을 실현하기 위한 중간목표일 뿐 그 자체가 목적은 아니다. 그 목표의 달성이 값진 성과를 거두려면 시선을 안으로 돌려 존재 목적을 실현해야 한다.

그럼에도 사람이 곤의 도로 넘어가지 못하면 그는 물질적인 성취에 더욱 집착하게 된다. 더 많은 물질을 성취함으로써 공허한 마음을 보상하려 드는 것이다. 이렇게 해서 그는 과잉의 단계인 6단계로 올라간다. 하지만 이는 가을이 이르렀는데도 여름을 연장하려 하는 것이므로 결국 실패할 수밖에 없다. 물질적 성취가 커질수록 내면의 공허함도 커져서 이를 상쇄하려고 더욱 물질에 집착하고, 이 같은 악순환 끝에 결국 폭발하고 마니 항룡의 추락이다.

인생에 가을이 찾아왔는데도 곤의 도로 넘어가지 못하면 이는 소아小我에 집착하는 것이다. 이처럼 사람이 소아에 집착하면 자기를 실현할 수 없다. 자기의 큰 잠재력을 활짝 펼치지 못하고 굽은 채로 소중한 생을 마감하고 마는 것이다.

이에 대해 곤의 1효사는 "서리가 밟히니 굳은 얼음이 어는 때도 이르리라"라고 경고한다. 서리가 발에 밟힌다는 것은 가을의 때가 이르렀다는 말이다. 이제 시선을 동動에서 정靜으로, 외부에서 내면으로 돌려 서둘러 가치의 결실을 맺지 않으면 문제가 생길 것이라는 경고다.

지혜란 무엇인가?

앞서 〈표 7〉에서 살핀 바와 같이 태극이 제시하는 단계별 덕목을 인예의지仁禮義智라 할 때, 자기가 믿는 가치를 공동체의 의리(규범)로 확립해내는 것은 의義에 해당한다. 그렇다면 그 다음 단계에서 발휘돼야 하는 덕목인 지智는 무엇일까? 지는 지식이 아닌 지혜를 가리키는 말이다. 그렇다면 지식과 지혜는 어떻게 다른가? 지혜 지智는 알 지知와 말할 왈曰이 합쳐진 글자로, 기존 지식[知]에 대해 무언가 다른 말을 하는 것이다. 기존 지식에 다른 말을 한다는 것은, 기존 지식에 의문을 제기한다는 뜻이다.

자신이 믿는 가치를 공동체의 의리로 확립한 후에 이 같은 지智의 덕목이 와야 하는 이유가 무엇일까? 그것은 자신이 확립한 당대의 규범을 성찰하고 재모색해야 한다는 뜻이다. 인간은 유한한 존재이므로 최선의 검증 끝에 믿게 된 가치일지라도 오류가 있을 수 있다. 인간의 판단이 100퍼센트 옳을 수는 없기 때문이다. 게다가 정貞함, 즉 품은 뜻을 올곧게, 굳게 지키는 과정에서 한쪽으로 치우친 잘못된 판단을 할 수도 있다. 그러므로 자신이 믿는 가치를 공동체의 의리로 확립한 후에는 반드시 오류를 성찰하고 개선할 방법을 모색해야 한다. 그렇게 자신이 틀렸을 가능성을 인정하고 행동할 때라야 지혜롭다고 할 수 있다는 것이다. 의義 다음에 지智가 오는 이유는 이 때문이다.

이 같은 성찰을 통해 자신이 확립했던 당대의 규범에서 오류를 찾아내고 개선할 방법을 모색했다면 다음번의 새로운 순환을 위해 그 지혜를 씨앗으로 저장해야 한다. 〈표 7〉에서 곤의 덕목 지智에 대응하는 작용이 장藏인 이유는 이 때문이다. 수收가 이상의 꽃을 피우고 열매를 맺어 결실을 거두는 작용을 상징한다면, 장藏은 새봄이 찾아왔을 때 새 농사를 위해 뿌릴 지혜의 씨앗을 저장하는 작용을 말한다. 그렇게 저장한 지혜는 다음번 순환에서 새로운 이상의 싹을 틔운다. 장이 중요한 이유는 이 때문이다. 앞서의 순환에서 시행착오를 통해 터득한 지혜가 반영되어 다음번의 순환은 한 차원 높은 수준에서 시작한다. 이렇게 해서 태극의 순환은 한 차례 완료할 때마다 존재의 고양을 이루는 상승 순환이 된다. 만약 장의 작용이 없다면 태극의 순환은 정체 상태에 빠져 제자리에서 맴돌거나 하강하는 순환이 될 수도 있다.

지의 덕목과 장의 작용은 순환 리듬에서 보면 가을을 넘은 겨울의 소임이다. 사람의 인생에서는 중장년을 넘은 노년의 소임이다. 사람이 노년에 이르렀을 때 달성해야 하는 소임은 중장년기에 이룬 업적(자신이 믿는 가치를 당대의 규범으로 확립해냈던 것)에 오류가 없는지 돌아보고 성찰하는 것이다. 이를 통해 오류를 찾고 개선 방법을 모색해야 하며 그 결과를 다음 번 순환에 반영해야 한다. 이렇게 할 때 그 사람이 지혜롭다는 것이다.

이처럼 노년의 소임인 지의 덕목을 발휘해서 장의 작용을 완수하면 군자는 자신의 인생을 통해 태극의 순환을 완성한 것이며, 태극의 작용인 생장수장의 사이클을 완성한 것이다. 이를 통해 사람이 마땅히 갖춰야 할 4대 덕목인 인의예지를 모두 체현할 수 있다. 이 소임을 완수하고 나서 제2의 인생이 시작되면 군자의 삶은 다시 한번 건의 시기에 접어든다. 군자는 지난 순환에서 터득하고 저장한 지혜를 바탕으로 다시 새의 비상을 이룬다. 그는 이제 노년이므로 자신이 터득한 지혜를 새로운 세대에게 전수하는 것도 중요한 소임이 된다. 이렇게 해서 사람의 지혜는 세대에서 세대로 전수되는 것이다.

태극에서 나의 자리

태극에서 나(己)의 자리는 〈그림 25〉에서와 같이 태극의 중심에 있다. 동양학에서는 이를 황극(皇極)의 자리라고 부른다. 즉 태극의 중심은 황제(왕)의 자리이면서 나의 자리인 것이다. 내 인생의 주인은 나이므로 내 인생의 왕은 나다. 태극의 중심은

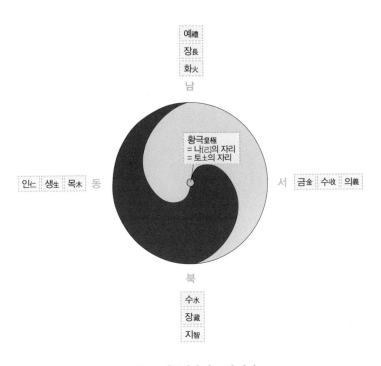

〈그림 25〉 태극에서 나(己)의 자리

태극이 회전할 때에도 태풍의 눈처럼 고요하다. '내'가 그 중심에 서면 천변만화하는 중에도 고요한 가운데 흔들림 없이 나의 삶을 주관할 수 있다.

곤의 기본 속성은 응축인데, 응축은 언제나 중심을 향한다. 그러므로 곤의 목표는 응축을 통해 자기 중심을 확고히 하려는 것이라고 할 수 있다. 이에 앞서 건의 도가 극에 달했을 때 중심을 잃고 삶의 궤도를 이탈할 우려가 있었기 때문이다.

따라서 곤의 도는 5단계에 이르러 중심을 회복했을 때 절정에 이른다. 곤의 도가 태극의 중심을 회복했다는 것은, 이제 사람이 중심 잡힌 삶을 살게 되었음을 의미한다. 태극의 중심에서서 건과 곤 양자의 조화로운 순환을 이루어간다는 뜻이다.

곤의 도 역시 6단계의 과잉에 이를 수 있다. 곤의 과잉은 지나치게 응축해서 움츠러들고 마는 것이다. 건의 과잉이 바깥쪽으로 태극의 궤도를 이탈하는 것이라면 곤의 과잉은 안쪽으로 궤도를 이탈하는 것이라 할 수 있다. 이렇게 되면 새가 날아오를 때가 되었는데도 날아오르지 못하고 걷기만 하는 모습이 된다. 또는 봄이 이르렀는데도 겨울이 계속되기라도 하는 것처럼 새싹을 틔우지 못하는 지경에 이른다. 이는 태극이 더는 순환을 이어가지 못하고 회전을 멈춘다는 말이 된다.

건의 과잉이 바람직하지 않은 것처럼 곤의 과잉 역시 바람직하지 않다. 바람직한 것은 건과 곤 모두 때가 되면 나아가고 물러나는 것이다. 그리하여 태극이 건강한 순환을 이어가는 것이다. 하지만 건의 도와 곤의 도는 각기 본연의 속성이 있어서 건의 도는 오로지 팽창을 지속하려 하고, 곤의 도는 오로지 응축을 지속하려 한다. 그 때문에 그냥 두면 자신의 때가 이미 지났는데도 물러나지 않으려 한다. 그 결과 극단으로 치달음으로써 태극의 건강한 순환을 해칠 수 있다. 즉 태극의 순환은 저절로 보장되는 것이 아니다.

나의 자리가 태극의 중심이라는 것은, 건과 곤 어느 한쪽이 극단으로 치닫지 않도록, 때가 되면 나아가고 또 물러나도록 조정해야 한다는 뜻이다. 그리하여 태극이 건강한 상승의 순환을 이어가도록 해야 한다. 이것이 삶의 중심을 잡는다는 말의 뜻이며, 그러한 삶이 중심 잡힌 삶이다. 이처럼 순환의 중심을 잡는 역할이 사람의 인생에서 가장 중요하다고 보았기에 나의 자리를 태극의 중심으로 상징하는 것이다.

결국 태극의 중심에 선 나의 역할은 삶이 양방향 극단으로 흐를 위험을 모두 방지하는 것이다. 그렇게 할 수 있는 비결은, 언제나 나의 존재 목적을 잊지 않는 것이다. 나에게 하늘이 부여한 명이 있음을 인식하고 언제나 간직하는 것이다. 그렇게 하면 더 나아가야 할 때를 알고, 그때 과감한 비상을 두려워하지 않을 것이다. 또 자신이 머무를 곳을 알아 항룡의 과잉을 피할 수 있다.

그러므로 태극의 중심을 확고히 하는 비결은 자신의 존재 목적을 선명히 정립하고 거기에 머무르는 것이다. 이는 새가 둥지를 잊지 않는 것으로 표현할 수 있다. 자신이 돌아갈 곳이 어디인지를 알고, 어디서 왔는지를 아는 것이다. 이처럼 자신이 돌아갈 곳이 어디인지를 아는 사람은 혼란과 불안을 떨쳐버리고 자신 있게 변화의 요구를 수용할 수 있다. 변화를 긍정하면서도 중심을 잃지 않는다. 불변하는 하나의 중심이 확고

하기 때문이다. "군자는 조화를 이루되 휩쓸리지 않으니 강하도다, 꿋꿋함이여! 적중한 가운데에 서서 한쪽으로 기울지 않으니 강하도다, 꿋꿋함이여!"라고 했던 《중용》의 언명은 이 같은 군자의 태도에 대해 말한 것이다. 이 대목에서 "적중한 가운데에 서서 한쪽으로 기울지 않는다"는 것은, 태극의 중심에 섰다는 말과 같다. 그처럼 불변하는 하나의 중심을 선명히 정립하고 언제나 간직한다는 뜻이다. 《중용》은 그렇게 할 때 사람이 혼란과 불안을 넘어 강해질 수 있다고 말하는 것이다.

《태극도설》에서는 이와 관련하여 원시반종[原始反終]을 말한다.

(역경에서) 또 이르길, 비롯함에 근원하여서 돌아가서 마치는 고로 죽고 삶의 답[說]을 안다 했으니, 크구나, 역[易]이여! 이는 그토록 지극하도다.[20]

"비롯함에 근원하여서 돌아가서 마친다[原始反終]"라는 것은, 어떤 일을 끝맺을 때 왜, 어떻게 시작되었는지를 돌아본다는 말이다. 그리해야 합당하게 끝을 맺을 수 있다는 뜻이다.

삶에서 불안을 느끼는 분이라면 이 구절을 곰곰이 생각해 볼 필요가 있다. 우리가 느끼는 불안의 대다수는 어떤 일의 갈피를 잡을 수 없을 때 생겨나기 때문이다. 그처럼 일의 갈피를 놓치게 되면 그 일을 어떻게 끝맺어야 할지 알 수 없어서 불안을 가중시킨다. 이럴 때 원시반종의 가르침이 도움이 된다. 그 일이 왜, 어떻게 시작되었는지를 돌아보면 합당하게 끝을 맺을 수 있는 것이다.

우리는 어떤 결말이나 결과에 이르는 것을 '귀결歸結된다'고 말한다. 이는 "돌아가 결말을 짓는다"는 뜻이다. 우리가 어떤 일의 최종적인 결말을 지으려면 온 곳으로 돌아가야 한다는 뜻이다. 그래야 합당한 결말을 지을 수 있는 것이다. 이처럼 우리가 '귀결된다'는 말을 쓰는 것은, 이와 같은 지혜가 이미 우리 안에 자연스레 녹아 있음을 반영하는 것이다.

"비롯함에 근원하여서 돌아가서 마친다"라는 말은 귀결과 같은 뜻을 말한 것이다. 자신이 어디서 비롯했는지를 알면 돌아갈 곳이 어디인지를 알 수 있고, 이에 의거해서 결말을 지으면 모든 일을 합당하게 끝맺을 수 있다는 뜻이기도 하다. 이는 불변하는 하나의 중심이 확고할 때 만변에 응할 수 있다는 말과 같다.

역경은 여기서 한 걸음 더 나아가 이에 비추어 죽고 삶의 문제에 대한 답[說]을 알 수 있다고 했다. 說(말씀 설)은 학설學說, 논설論說 등에 쓰이는 글자로 '자기 나름의 답'을 의미한다. 역경이 '죽고 삶의 문제에 대한 답'에 說 자를 썼다는 것은 이 문제에 대한 답은 사람마다 자기만의 답을 찾아야 한다는 뜻이다. 그리고 자기가 어디서 왔는지를 알면 어디로 돌아가야 할지 알 수 있고, 그에 따라 어떻게 살고 어떻게 죽어야 할지를 알 수 있다는 뜻이다. 《태극도설》은 역易의 지극한 뜻이 여기에 있다고 보았다. 그러므로 자기가 어디서 왔는지를 아는 사람은 역의 지극한 뜻을 이미 안다고 할 수 있다.

한 번은 음이었다 한 번은 양이었다 하는 것이 도道

앞서 〈그림 25〉의 태극은 건과 곤이 서로 맞물리면서 영원한 순환을 반복하는 모습을 위에서 내려다본 것이다. 위에서 보면 순환에 따른 상승이 보이지 않기 때문에 건과 곤이 한 바퀴 순환하고서 제자리로 돌아왔을 뿐이라고 착각할 수 있다. 〈그림 26〉은 똑같은 순환을 옆에서 바라본 모습이다. 이를 보면 순환이 나선형을 이루고 있으며, 한 바퀴 순환을 완수했을 때 한 차원 높은 곳에 도달함을 알 수 있다.

한 차례 순환을 거쳐 돌아오면 개인이든 조직이든 전과는 다른 모습이 된다. 한 차원 고양된 존재가 되는 것이다. 앞서 곤의 도가 공동체의 가치와 지혜를 저장하여 다음 세대로 전달한다고 했는데 〈그림 26〉에서는 그러한 가치·지혜·영성의 축장이 이루어지는 모습을 확인할 수 있다. 이를 보면, 서로 대립하는 것으로 보이는 건의 도와 곤의 도가 사실은 서로를 도

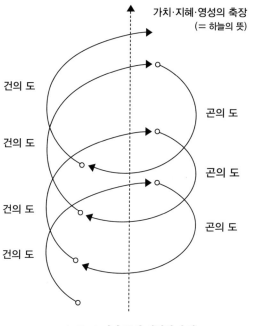

가치·지혜·영성의 축장
(= 하늘의 뜻)

건의 도

곤의 도

건의 도

곤의 도

건의 도

곤의 도

건의 도

건의 도

〈그림 26〉 건과 곤의 영원한 순환

와 존재의 고양을 이룬다는 사실이 더 선명해진다. 대대의 의미가 바로 이런 것이다. 〈그림 27〉은 〈그림 26〉을 옆으로 펼쳐서 그린 것이다.

　이를 보면 "동이 극에 달하면 정하게 된다. … 정이 극에 달하면 다시 동하게 된다. 한 번은 동하고 한 번은 정하니 서로 그 근원이 된다"라고 했던 《태극도설》의 의미가 시각적으로 잘 드러난다. 〈그림 27〉이 보여주는 여러 가지 순환의 파동 중에서 가장 긴 파동은 60년(1갑자)을 주기로 한 것이다. 중간 규

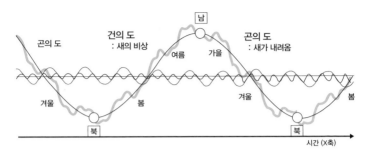

<그림 27> 순환의 파동

모의 파동으로는 12년을 주기로 하는 지지의 순환, 10년을 주기로 하는 천간의 순환이 있다. 짧게는 하루의 순환도 있다. 아주 크게는 한 나라의 운세도 이 같은 순환을 이룬다.

〈그림 27〉에서 녹색 실선은 세 가지 파동이 겹쳐서 나타난 모습을 그린 것이다. 이처럼 순환의 파동이 실생활에서 나타날 때는 여러 파동이 겹쳐서 작용하기 때문에, 큰 파동이 상승하는 동안 단기적으로는 하락의 움직임이 나타나기도 한다. 이 때문에 사람은 제대로 느끼지 못할 수도 있지만 태극의 순환은 면면한 흐름을 이어간다.

20세기에 이르러 서구 경제학에서는 1갑자의 순환과 유사한 길이의 파동인 콘드라티예프 파동을 발견했다. 러시아의 경제학자 콘드라티예프가 파동의 각 단계를 관찰한 결과 사계절의 리듬과 흡사한 현상들이 나타난다는 사실을 발견하고서 각 단계에 봄, 여름, 가을, 겨울이라는 이름을 붙였던 것이다.

이는 콘드라티예프가 태극의 순환을 재발견했음을 보여준다. 예일대학교 임상심리학과 교수인 대니얼 레빈슨의 경우는 일군의 연구자들을 이끌고서 10년의 연구를 수행한 끝에, 그 결과를《남자가 겪는 인생의 사계절》이라는 제목의 책으로 발표한 바 있다. 그 내용을 보면, 사람의 일생이 봄, 여름, 가을, 겨울의 변화를 거친다는 동양학의 관점과 거의 100퍼센트 일치한다. 이처럼 최근에는 동양학의 주요 통찰들이 서양에서 재발견되는 경우가 늘고 있다. 직선사관을 기본으로 하는 서양의 학계에서 동양의 순환 관념을 받아들인 것이다.

〈계사상전〉은 음과 양의 순환에 대해 다음과 같이 말한다.

한 번은 음이었다 한 번은 양이었다 하는 것을 일러 도道라 한다.

《주역》〈계사상전〉 5장[21]

이 구절은 〈그림 27〉의 상황을 가리킨다. 이 그림은 시간의 흐름에 따른 도의 전개 모습을 표현한 것이다. 이를 보면 한 번은 내리막(음)이었다 한 번은 오르막(양)이었다 오르락내리락한다. 계속 평온하게만 흐르는 것이 도가 아니라는 뜻이다.

그림에서 건의 도로 쭉 상승하거나 곤의 도로 쭉 하강하면 어쨌든 일관성이 있어 혼란스럽지는 않을 것이다. 반면 건과 곤이 순환하면 혼란을 피할 수 없다. 건과 곤은 정반대의 속성을 가졌기 때문이다. 건의 도가 한참 지속돼서 계속 올라가겠구나 믿으면 갑자기 방향을 바꾸어 내려가기 시작한다. 갑자기 방향을 바꾸면 사람들은 반신반의하지만 한참을 계속 내려가면 이제는 계속 내려가나 보다 하고 생각을 바꾸게 된다. 그 생각에 익숙해지면 어느덧 다시 방향을 바꾸어 올라가기 시작한다. 〈그림 27〉이 보여주는 도의 전개 방식은 오르락내리락 롤러코스터 같다. 그에 따라 도가 전개되는 와중에 놓인 사람은 혼란스럽다고 느낄 수 있다. 이러한 상황이 불안을 자아내기도 한다. 그렇다면 어째서 이 같은 혼란이 존재할까? 그에 대한 대답이 〈그림 26〉이다.

도의 전개 방식이 혼란처럼 느껴지게 하는 〈그림 27〉은 전체적인 양상을 모두 보여주지는 못하는 그림이다. 〈그림 26〉이 전체적인 양상에 보다 가까운데 이를 보면 건과 곤이 서로 대대를 이룬다는 점이 분명해진다. 건과 곤이 서로 갈마든 탓에 일시적으로는 혼란하게 느낄 수 있지만, 장기적으로 보면 그 덕분에 더 나은 나, 더 나은 세상이 되는 것을 확인할 수 있다. 그러므로 〈그림 26〉이 보여주는 태극 순환의 전체적 양상을 염두에 둔다면, 일시적 혼란을 두려워하지 않고 변화의 요구를 수용할 수 있을 것이다. 변화를 수용함으로써 정체에 빠지지 않음을 알기 때문이고, 그에 따르는 일시적 혼란과 불안을 결국 극복하고 불변하는 하나의 목적(가치·지혜·영성의 고

양= 하늘의 뜻)을 향해 나아갈 것임을 알기 때문이다.

우리나라가 태극을 국가의 상징으로 채택한 것 역시 동일한 의미를 갖는다. 우리나라가 〈그림 26〉과 같이 건의 도와 곤의 도의 순환을 통해 상승과 발전을 이어갈 것임을 의미한다. 건과 곤의 순환을 통해 물적 성장과 가치의 성장이 조화를 이룰 것이며, 그 결과 지속 가능한 발전을 누리게 될 것이다. 이를 바탕으로 우리나라가 가치·지혜·영성을 축장해나갈 것이며, 나날이 존재의 고양을 이루는 공동체가 될 것임을 의미한다.

이 풍진 세상을 만났으니

이 풍진 세월

　2장에서 본 박채선·이류색의 〈이 풍진 세월〉은 1921년에 발매된 우리나라 최초의 대중가요다. 그후로도 이 노래는 끊임없이 번안되어 지금까지도 계속 불리고 있다. 100년 세월 동안 한국인들이 이 노래를 부르고 또 불러 온 이유는 그만한 울림이 있어서일 것이다.

〈1절〉

이 풍진風塵 세상을 만났으니 너의 희망이 무엇이냐

부귀와 영화를 누렸으면 희망이 족할까

푸른 하늘 밝은 달 아래서 곰곰이 생각하면

세상만사가 춘몽 중에 다시 꿈같구나

(4절)

밝고도 또 밝은 이 세계를 혼돈천지로 아는 자야

무슨 연고로 이때까지 꿈속에 살았나

이제부터 원수 마음의 낙담을 저버리고

문명의 학문을 배우기를 시급히 지어라

　지난 100년 동안 한국인들은 말 그대로 풍진 세상을 살아왔다. 일제의 식민 지배, 광복, 남북 분단, 6·25전쟁, 산업화, 군사독재, 민주화 등을 거쳐 온 것이다. 그런 탓에 지난 100년 동안 한국인들은 수없이 질문을 던져야 했다. 이 풍진 세상을 만났으니 너의 희망이 무엇이냐?

　풍진風塵 세상이란 바람에 먼지가 일어난 혼탁한 세상이다. 풍진 세상 속에 서 있으면 제아무리 깨끗하고자 해도 깨끗할 수 없다. 우리가 사는 세상이 이러하니 그 세상에서 희망을 발견하기 어렵고, 그 안에 사는 내 삶에서도 희망을 발견하기 어렵다. 하지만 이 노래의 4절은 끝내 희망을 말한다. 도리어 밝고도 또 밝은 이 세계를 혼돈천지로 아는 그릇된 미망에서 깨어나라 말한다.

지난 100년의 세월을 돌아볼 때 한국인들이 대중가요에서조차 희망을 찾아내며 현실 긍정의 철학을 말한다는 것은 놀라운 일이다. 지난 세월 동안 한국인들이 보아낸 희망은 태극이 제시한 희망이라고 할 수 있다. 태극이 제시한 희망을 한마디로 하면, 불변하는 하나로 만변을 끌어안을 수 있다는 것이다. 새가 비상하되 돌아갈 곳이 있음을 안다는 것이며, 돌아갈 곳이 있음을 알기에 과감하게 비상할 수 있다는 것이다. 불변하는 하나의 중심이 확실히 잡혀 있다면 만변은 불변하는 하나를 고양시킨다. 그러므로 불변하는 하나는 만변을 두려워하지 않고 적극적으로 끌어안는 것이다. 우리가 삶에서 느끼는 불안의 극복 비결 역시 여기에 있다.

태극의 철학은 대대의 철학이니, 나와 다른 남의 존재를 긍정하고 포용한다. 나의 개성을 포기하고 남과 같아지려 하지 않으며, 남더러 나와 같아지라고 요구하지도 않는다. 나와 남은 공존 가능하며 그것이 바람직하다고 본다. 남과의 공존으로 일어나는 대화 작용으로 나는 변화를 겪게 된다. 그 덕분에 어제보다 나은 오늘의 내가 되는 것(자기의 신장)이니 그 같은 변화는 바람직한 것이며 혼란이 아니다. 이처럼 태극은 타자와의 조화와 공존을 상징한다.

또한 일음일양지위도一陰一陽之謂道이니, 도는 한 방향으로만 흐르는 것이 아님을 안다. 평온하게만 흐르는 것이 도가 아니기에 만 가지 변화가 닥칠 때는 혼란으로 느껴질 수 있고 불안할 수 있다. 하지만 그럼에도 우리는 이 세상을 혼돈천지로 보지 않으며 오히려 밝고도 밝은 세상으로 본다. 이와 같이 세상을 긍정할 수 있는 근거는 첫째 건과 곤의 순환을 통해 태극이 상승·발전을 이룬다는 사실을 알기 때문이다. 건과 곤의 갈마듦 때문에 일시적으로 혼란스러워 보일지라도 길게 보면 그 덕분에 가치·지혜·영성의 축장이 이루어짐을 알기 때문이다. 하늘의 뜻은 여기에 있다. 둘째로는 지금 나의 실천이 미래에 영향을 미칠 수 있기 때문이다. 오늘 하루의 실천은 무기력한 것이 아니다. 오늘 하루 나의 천명을 다함으로써 나의 우주에 영향을 미친다. 각자가 자기의 천명을 다함으로써 각자의 우주에 영향을 미치고, 그렇게 전체가 합쳐지면 세상을 바꿀 수 있다. 결국 오늘 하루 서로 다른 많은 나의 실천이 합쳐져 공동체의 태극 순환이 바르게 이루어지며 그 덕분에 역사가 전진하는 것이다. 그러므로 사람은 풍진 세상에서도 희망을 붙잡을 수 있다.

지난 100년의 시간을 돌아보면 사람의 시간과 하늘의 시간이 다를 수 있음을 깨닫는다. 하루살이에겐 하루가 평생이다. 하루살이가 하루 안에 정의가 실현되어야 한다고 생각한다면, 이는 하루살이의 시간 관념에 따른 것일 뿐이다. 이처럼 피조물의 시간과 하늘의 시간은 다를 수 있다. 그러므로 군자는 자

기 생 안에 결실을 거두지 못하더라도 희망의 끈을 놓지 않는
다. 그 때문에 다산은 조선 최고의 명문가였던 자신의 집안이
풍비박산했음에도 하늘을 원망하고 사람을 탓하는 말은 도를
아는 말이 아니라고 했던 것이다.

미래의 일을 알 수 있을까

제자인 자장子張이 "10세世 뒤의 일을 알 수 있습니까?"라고
물었을 때 공자는 다음과 같이 대답했다. "하·은·주 3세의 일
을 돌아보건대, 시의에 따라 제도를 조금씩 덜어내거나 더했
을 뿐 그 근본은 바뀌지 않았으니 10세 뒤의 일일지라도 미루
어 알 수 있다. 100세 뒤의 일일지라도 알 수 있다."[22] 여기서
세世란 왕조를 말함이니 10세란 왕조가 열 번 바뀐 후를 뜻한
다. 즉 수천 년 뒤의 일을 미리 알 수 있는지 물은 것이다. 그로
부터 1600년 후 사람인 주희는 이 대화에 대해 평하길, "성인
이 미래를 아는 바가 이와 같으니 후세의 도참설이나 위서, 술
수학과는 같지 않다"[23]라고 격찬한 바 있다.

공자와 자장의 대화가 있은 지 2500년 후인 현재는 공교롭
게도 10세의 세월이 흐른 시점이다.[24] 그러므로 우리는 공자
의 예언이 들어맞았는지 평가할 수 있게 되었다. 어떨까?

21세기인 오늘날에도 역경이 읽히며, 하·은·주 3세의 일에 바탕을 둔 공자의 가르침이 여전히 통용된다. 오늘날의 어떤 가르침도 공자나 석가모니, 예수 등 옛 성인의 가르침에서 벗어나지 않는다. 그러므로 공자의 예언이 들어맞았음을 알 수 있다. 공자의 예언 그대로 설령 100세 뒤의 일일지라도 이와 다르지 않을 것이다.

그러므로 우리는 걱정하지 말아야 하고 불안해하지 말아야 한다. 100세의 세월이 흐른 뒤라 해도 하늘의 뜻이 영원할 것이기 때문이다.

물론 지금 이 순간에도 세계의 여러 지역에서 성인의 가르침과 하늘의 뜻을 조롱하는 일들이 벌어지고 있다. 어쩌면 앞으로 우리나라에서도 그와 같은 일이 벌어지지 말라는 법이 없다. 하지만 어떤 형태가 됐건 그와 같은 조롱은 시간이 흐르면 썩어 없어지고 말 변칙이고 예외일 뿐이다. 원칙, 진리, 하늘의 뜻이 영원히 계속될 추세인 것이다.

공자는 하·은·주 3세의 역사를 돌아보고 그와 같은 영원의 추세를 확신할 수 있었고, 우리는 공자 이래 2500년 역사를 돌아보고 그와 같은 추세를 확신할 수 있다. 또는 지난 100년간 우리나라의 풍진 세월의 역사만 돌아보아도 확인할 수 있다. 일제의 식민 지배, 광복, 남북 분단, 6·25전쟁, 산업화, 군사독재, 민주화 등을 거쳐 오는 동안 진리와 하늘의 뜻에 대한 조롱이 얼마나 많은 형태로 나타났었는가. 하지만 우리나라는 그와 같은 가소로운 조롱을 끝내 이겨내고 〈그림 26〉과 같은 가치·지혜·영성의 상승을 계속 이루어왔다. 그러므로 우리는 걱정하지 말아야 하고 불안해하지 말아야 한다.

미래에도 비인과 소인은 계속 넘쳐날 것이다. 하지만 군자는 자신의 노력을 포기하지 않을 것이고, 군자를 돕고자 하는 대인 또한 부족하지 않을 것이다. 그러니 우리는 〈이 풍진 세월〉의 가사가 충고하듯이 이 세계를 혼돈천지로 아는 그릇된 미망에서 깨어나야 하고 원수 마음의 낙담을 버려야 한다.

하늘의 뜻이 살아 있음을 믿는 이라면 낙담을 버릴 수 있고, 걱정과 불안으로 흔들릴 일이 없다. 그러므로 믿음이 있으면 마음을 유지할 수 있어서 끝내 형통할 것이다.

주역의 64괘卦, 64가지 길

* 주역은 아래와 같이 서로 '대대待對'를 이루는 두 괘를 짝지어 제시한다. 대대의 의미에 대해서는 2장 113쪽 참조.

✈ 주역 상경上經에 수록된 30가지 길

1·2   건乾 대 곤坤 : 양의 작용과 음의 작용

3·4   둔屯 대 몽蒙 : 때를 기다리며 힘을 기르는 경우와 어리석게 나아가는 경우

5·6   수需 대 송訟 : 시련이 지나가길 참고 기다리는 길과 나서서 다투는 길(소송의 길)

7·8   사師 대 비比 : 큰 조직의 목표를 달성하는 원리와 조직의 결속을 다지는 원리

9·10   소축小畜 대 리履 : 굴레를 씌워 길들이는 원리와 놓아주어 이행하게 하는 원리

11·12   태泰 대 비否 : 소통이 잘되어 태평한 경우와 소통이 막히는 경우

13·14   동인同人 대 대유大有 : 동지를 규합하는 길과 크게 어우르는 길

🕊 주역 하경下經에 수록된 34가지 길

39·40 건蹇 대 해解 : 반목을 견디며 어렵게 나아가는 경우와 반목을 해소하는 길

41·42 손損 대 익益 : 손실을 보는 길과 이익을 보는 길

43·44 쾌夬 대 구姤 : 결판을 내는 길과 교접하여 한 몸을 이루는 길

45·46 췌萃 대 승升 : 사람을 모아 권력을 얻는 길과 먼저 권력을 잡고 나서 안정시키는 길

47·48 곤困 대 정井 : 규범에 따라 갈등을 하나하나 해결하는 경우와 제도를 보수하여 해결하는 길

49·50 혁革 대 정鼎 : 혁신·개혁·혁명의 길과 전통을 회복하는 길

51·52 진震 대 간艮 : 전격적인 충격 요법을 쓰는 경우와 버티며 하지 않는 경우

53·54 점漸 대 귀매歸妹 : 점진적으로 높여가며 협상을 주도하는 경우와 불리한 조건을 감수하는 경우

55·56 풍豊 대 려旅 : 관계를 더욱 풍성하게 강화시키는 경우와 목표를 좇기 위해 나그네를 자처하는 경우

57·58 손巽 대 태兌 : 대세를 따라 자기 뜻을 굽히는 경우와 남의 영향력에서 벗어나는 경우

59·60 환渙 대 절節 : 도道를 찬란하게 선포하는 경우와 절제하는 경우

61·62 중부中孚 대 소과小過 : 우리 가운데 믿음이 확립될 때와 믿음을 다소 과하게 실천하는 경우

63·64 기제旣濟 대 미제未濟 : 원대한 목표를 달성한 경우와 목표 달성에 실패한 경우

팔괘와 64괘의 관계

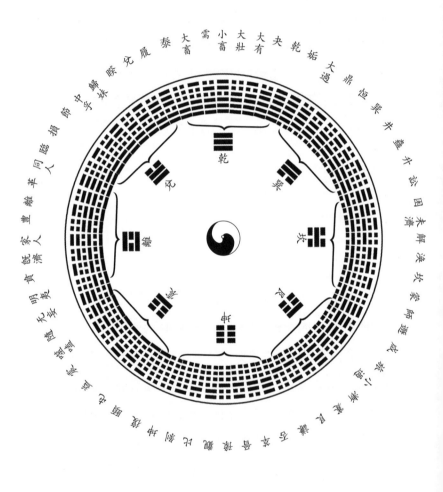

1장
점의 왕국 이야기

1. 김경일, 《(김경일 교수의) 갑골문 이야기》, 바다출판사, 1999, 194쪽 참조. 갑골문의 도판을 참조했으며, 해석은 필자가 한 것이다.

2. 예외적으로 1번 괘인 건과 2번 괘인 곤에는 여섯 효 전체를 총평하는 효사가 하나 더 달려 있어서 여덟 개의 문장으로 이루어져 있다. 64괘에 일곱 문장을 곱하면 448문장이 되고 여기에 예외인 두 문장을 더하면 총 450문장이 된다.

3. 書不盡言 言不盡意. 然則聖人之意 其不可見乎 聖人立象以盡意(《주역》〈계사상전〉 12장).

4. 양효는 음효와 반대로 가족 공동체에 외부의 원심력이 작용함을 상징한다. 지금까지의 효사 풀이는 모두 이 같은 괘상을 반영해서 이루어진 것인데, 그 과정을 글로 풀어 설명하는 것이 간단치 않으므로 자세한 설명은 생략하기로 한다. 앞으로 이 책에 등장하는 몇몇 괘상을 살펴봄으로써 괘상이 괘효사의 풀이에 어떻게 도움을 주는지, 어떻게 그 의미를 확충하는지 감을 잡을 수 있을 것이다.

5. 言天下之至賾 而不可惡也 言天下之至動 而不可亂也(《주역》〈계사상전〉 8장).

6. 匪我求童蒙 童蒙求我 初筮告 再三瀆 瀆則不告(《주역》 몽괘 괘사).

7. 정병석, 《주역》, 을유문화사, 2010, 11쪽 참조.

8. 1977년 주원周原(고공단보가 주나라의 기틀을 다졌던 기산 남쪽 기슭의 벌판)에서 1만 5000점에 가까운 복점에 사용된 갑골(문자가 쓰인 것은 127편)이 발견되었는데, 이는 주 문왕 시기의 것으로 추정된다. 그런데 이들 갑골은 대부분 주원까지 이르렀던 은나라 사람들 혹은 은의 정치적 영향을 강하게 받은 사람들이 남긴 것으로 추정되며, 주나라가 독자적으로 점친 기록은 나타나지 않는다고 한다. 게다가 은이 멸망하고 건국된 서주西周 초기에도 갑골문은 출토되지 않는다고 한다. 이런 이유로 학자들은 서주 문화가 은 문화를 계승했다고

보고 있다. 가이즈카 시게키 외 지음, 배진영 외 옮김, 《중국의 역사: 선진시대》, 혜안, 2011, 179~188쪽 참조.

9. 관련 기록은 《사기史記》 〈공자세가孔子世家〉에 나온다. "공자는 만년에 역易을 좋아하여 〈단전〉, 〈계사전〉, 〈상전〉, 〈설괘전〉, 〈문언전〉을 펴냈다[孔子晚而喜易序象繫象說卦文言]." 공자가 '역전'을 펴냈다는 사실을 부정하는 견해도 있다. 하지만 이는 사료 중 '펴낼 서序'의 의미를 오해한 결과가 아닌가 싶다. '펴냈다[序]'는 것은 차례를 매기는 등 질서 있게 정리해냈다는 의미에 가까우며 저작著作했다는 의미는 아니다.

10. '역전' 10편의 구성을 달리 보는 견해도 있다. 〈상전象傳〉을 상·하 2편이 아니라 〈대상전大象傳〉과 〈소상전小象傳〉 2편으로 나누고, 〈단전彖傳〉을 단일 편으로 보는 대신 〈서괘전序卦傳〉을 상·하 2편으로 나누어 전체를 7종 10편으로 보는 것이다. 어느 쪽이나 '역전'의 내용은 동일하다.

11. 困卦難理會 不可曉 易中有數卦如此 (《주자어류朱子語類》 〈易九〉 困)

12. 강병국, 《주역독해(상·하경)》, 위즈덤하우스, 2017, 2018.

13. C. G. Jung, Psychological Types or The Psychology of Individuation, translated by H. G. Baynes & B. C. Cantab, Mansfield Centre, CT: Martino Publishing, 2016(초판은 1924). pp.505~508.

14. 讀易經 於吉凶存亡進退消長之幾 ――觀玩而窮研焉 (《격몽요결擊蒙要訣》 〈독서장讀書章〉 11절).

15. 吉凶悔吝者 生乎動者也 (《주역》 〈계사하전〉 1장).

16. 나를 위한 공부가 바로 공자가 말한 위기지학爲己之學이요, 남의 기준에 맞추기 위한 공부가 위인지학爲人之學에 해당한다. "子曰 古之學者爲己 今之學者爲人 (《논어》 〈헌문〉 25장 1절) 程子曰爲己欲得之於己也 爲人欲見知於人也 程子曰古之學者 爲己 其終至於成物 今之學者 爲人 其終至於喪己.

17. 방송통신대는 한 학기 등록금이 30만원대로 저렴해서 금전적인 부담도 크지 않다고 한다.

2장
주역이 알려주는 불안의 원인과 해결 방법

1. 易有太極 是生兩儀 兩儀生四象 四象生八卦《주역》〈계사상전〉 11장).

2. 팔괘의 속성에 대한 좀 더 상세한 설명은《주역독해(하경)》(위즈덤하우스, 2018)
   의 부록 2 참조.

3. 易之爲書也 廣大悉備 有天道焉 有人道焉 有地道焉 兼三才而兩之 故六 六者
   非他也 三才之道也《주역》〈계사하전〉 10장).

4. 惟人也得其秀而最靈 形旣生矣 神發知矣 五性感動而善惡分《태극도설》).

5. 小人 不知天命而不畏也 狎大人 侮聖人之言《논어》〈계씨季氏〉 8장 2절).

6. 尹猥心再昨年海南相見時 我曰不死而相見異哉 尹曰人死豈易事耶 我曰人死最
   易事 尹曰罪惡盡然後人死 我曰福祿盡然後人死 相笑而罷 彼云罪惡盡然後人死
   者 蓋以此世爲苦世也 然此乃怨天尤人之言 非眞正知道之言也《다산시문집茶
   山詩文集》권20,〈答仲氏〉).

7. 이 표현은《논어》를 인용한 것이다. "공자가 말씀하시길, 하늘을 원망하지 않고
   사람을 탓하지 않으며 아래에서 배워 위에 이르렀다. 나를 아는 자, 하늘이리라
   [子曰 不怨天 不尤人 下學而上達 知我者 其天乎]《논어》〈헌문憲問〉 37장 2절)."

8. 玉不琢 不成器《예기禮記》〈학기學記〉 2장).

9. 랠프 월도 에머슨 지음, 서동석 옮김,《랠프 왈도 에머슨: 자연》, 은행나무,
   2014, 162쪽. 해당 문장의 원문은 다음과 같다: In general, every evil to which
   we do not succumb is a benefactor. 한글 해석은 원문의 취지를 반영하여 필자
   가 새로 한 것이다.

10. 〈로마서〉 5장 3~5절.

3장
세상을 이루는 여섯 단계 안에 숨겨진 의미

1. 1975년 예일대학교 수학과 교수 망델브로가 프랙털 구조를 처음 발견하고 명

명했다. 우주의 모든 것이 결국은 프랙털 구조로 되어 있다는 명제에 대해 오늘날 점점 더 많은 과학자들이 동의하고 있다.

2. 김흥호,《주역강해》, 사색, 2003, 28~32쪽

3. 한동석,《우주 변화의 원리》, 대원출판, 2001(1966).

4. 한동석, 위의 책, 5장 2절 인신상화론寅申相火論 참조.

5. 可與言而不與之言 失人 不可與言而與之言 失言(《논어》〈위령공衛靈公〉7장 1절).

6. 互鄉難與言 童子見 門人惑 子曰 與其進也 不與其退也 唯何甚 人潔己以進 與其潔也 不保其往也(《논어》〈술이述而〉29장).

7. 否之匪人 不利君子貞大往小來(《주역》, 비否괘 괘사).

8. 泰 小往大來 吉 亨(《주역》 태泰괘 괘사).

9. 태의 길이 상경에 있는 이유는 태의 상태를 이루는 방법을 담고 있기 때문이다. 태의 길이 5단계 절정에 도달했을 때 태의 도道가 완성되어 하경의 세계로 들어가게 된다.

10. 子貢問爲仁 子曰 工欲善其事 必先利其器 居是邦也 事其大夫之賢者 友其士之仁者(《논어》〈위령공〉9장 1절).

11. 知所先後則近道矣(《대학大學》경經 1장 3절).

12. 子曰 與善人居 如入芝蘭之室 久而不聞其香 卽與之化矣 與不善人居 如入鮑魚之肆 久而不聞其臭 亦與之化矣 丹之所藏者赤 漆之所藏者黑 是以 君子必愼其所與處者焉(《명심보감明心寶鑑》〈교우편交友篇〉).

13. 非所困而困焉 名必辱 非所據而據焉 身必危(《주역》〈계사하전〉5장).

14. 人皆有不忍人之心 …… 無惻隱之心 非人也 無羞惡之心 非人也 無辭讓之心 非人也 無是非之心 非人也(《맹자孟子》〈공손추상公孫丑上〉6장 1~4절).

15. 不拯其隨 其心不快(《주역》간艮괘 2효사).

16. 樊遲 …… 問知 子曰 知人(《논어》〈안연顏淵〉22장 1절).

17. 不知言 無以知人也(《논어》〈요왈堯曰〉3장 3절).

18. 子曰 始吾於人也 聽其言而信其行 今吾於人也 聽其言而觀其行(《논어》〈공야장公冶長〉10장).

19. 子曰 …… 三十而立(《논어》〈위정爲政〉4장 2절).

4장
다양한 관계 안에서 생각해야 할 것들

1. 소축小畜에서 휵畜은 '쌓다·모으다(축)'라는 뜻과 '기르다·길들이다(휵)'라는
   뜻이 있는데, 전자로 보는 견해가 다수여서 일반적으로는 소축으로 읽는다. 하
   지만 필자는 그 견해에 동의하기 어렵다. 소휵의 괘효사 중 '쌓고 모으는' 일에
   대해 말하는 구절이 없기 때문이다. 휵畜은 어디까지나 후자의 의미로 쓰인 것
   이다. 이 같은 용례는《대학장구》전傳 10장 22절(畜馬乘 不察於鷄豚 伐氷之家
   不畜牛羊 百乘之家 不畜聚斂之臣) 등에서도 찾아볼 수 있다.

2. 로렌스 W. 자피 지음, 심상영 옮김,《융 심리학과 개성화》, 한국심층심리연구
   소, 2012, 138쪽.

3. 初九 復自道 何其咎 吉(《주역》소휵괘 1효사).

4. 이 같은 의미 파악은 소휵은 물론 대휵大畜(26)의 괘상까지 종합적으로 검토해
   서 나온 것이다.

5. 또한 사람이 "길이 든다"라는 표현 자체에 자신이 마땅히 가야 할 길을 받아들
   인다는 의미가 내포되어 있기도 하다.

6. 九五 有孚 攣如 富以其隣(《주역》소휵괘 5효사).

7. 큰 부를 길러내는 길은 26번째 괘인 대휵에 해당한다. 이처럼 畜(기르다·길들
   이다 휵)이 부를 길러내는 길까지 의미하게 된 것은, 고대의 경우 가축이 식리
   殖利(이익을 불림)의 수단이었기 때문이다. 식리의 식殖 자체가 가축을 기르고
   번식繁殖시켜 불린다는 뜻이다.

8. 上九 鳥焚其巢 旅人 先笑後號咷 喪牛于易 凶(《주역》려괘 6효사).

9. 이에 대한 보다 자세한 설명은《주역독해(하경)》(위즈덤하우스, 2018) 려(56)
   괘 6효사 해설 참조.

10. 飛鳥遺之音 不宜上 宜下 大吉(《주역》소과괘 괘사).

11. 소과는 군자가 그로써 공손함에 대해 과하게 행하고, 슬픔에 대해 과하게 애달
    파하고, 검약에 대해 과하게 쓰는 것이다[小過 君子以行過乎恭 喪過乎哀 用過
    乎儉](《주역》〈상전〉).

12. 그 믿음을 지닌 사람은 필히 실천하게 되니 소과로 받는 것이다. 사물을 지나

침이 있는 자는 필히 건너게 된다[有其信者 必行之 故受之以小過 有過物者 必濟](《주역》〈서괘전〉).

13. 이 점에서 나(개인)와 공동체는 서로 대대를 이루고 있다.

14. 단 이 같은 설명은 하경의 세계를 전제로 하는 설명이라는 점에 유의할 필요가 있다. 상경의 세계라면 아직 규범(의리)이 확립되어 있지 않기 때문이다.

15. 머리로만 하는 것은 '헤아릴 고考'와 '쪼갤 석析'에 해당한다. 고찰考察이나 고안考案, 분석分析 등이 머리로 하는 일이다.

16. '과불급過不及'은 과함과 미치지 못함(부족함)을 말한다. '과유불급過猶不及'은 과한 것은 미치지 못하는 것과 같다는 말이다. 즉 둘 다 옳지 않다는 말이다. 전통 시대 유학자들은 항상 과불급이 없도록 행동하고자 했다.

17. 더 구체적으로 말하면 상경은 의儀의 길이요, 하경은 예禮의 길, 상·하경 전체로는 예의禮儀의 길이자 광의의 예의 길이라 할 수 있다.

18. 不知禮 無以立也(《논어》〈요왈〉 3장 2절).

19. 子曰 博學於文 約之以禮 亦可以弗畔矣夫(《논어》〈안연顏淵〉 15장 1절).

20. 克己復禮(《논어》〈안연〉 1장 1절).

21. 非禮勿視 非禮勿聽 非禮勿言 非禮勿動(《논어》〈안연〉 1장 2절).

22. 非所困而困焉 名必辱 非所據而據焉 身必危(《주역》〈계사하전〉 5장).

23. 恭而無禮則勞 愼而無禮則葸 勇而無禮則亂 直而無禮則絞(《논어》〈태백泰伯〉 2장 1절).

24. 恭近於禮 遠恥辱也(《논어》〈학이學而〉 13장 1절).

25. 事親有隱而無犯 …… 事君有犯而無隱 …… 事師無犯無隱(《예기》〈단궁상檀弓上〉 2장).

26. 親者 仁之所在 有過而犯 則傷恩 故有隱而無犯 君者 義之所在 有過而隱 則近於容悅 故有犯而無隱 師者 道之所在 諫必不見拒 不必犯也 過則當疑問 不必隱也(《소학小學》〈명륜明倫〉 통론通論 3장의 주석).

27. 막 과거에 급제한 신출내기 선비 기대승이 당시 조선 성리학의 거봉이었던 이황의 사단칠정 설명이 틀렸음을 지적하는 편지를 보낸 후, 이황이 예를 갖추어 반박하는 답장을 보내면서 시작된 논쟁을 말한다. 8년 동안 전개된 한국 철학사의 대논쟁이다.

28. 君子敬而無失 與人恭而有禮 四海之內皆兄弟也 君子何患乎無兄弟也(《논어》 〈안연〉 5장 4절).

 5장
인생의 여행길에 필요한 마음 자세

1. 빅터 프랭클 지음, 이희재 옮김, 《삶의 의미를 찾아서》, 아이서브, 2001. 같은 책: 빅터 프랭클 지음, 이시형 옮김, 《죽음의 수용소에서》, 청아출판사, 2005.

2. 이에 대해 《중용》에서는 '천명지위성天命之謂性'이라고 한다.

3. 不知命 無以爲君子也 : 程子曰 知命者 知有命而信之也 人不知命 則見害必避 見利必趨 何以爲君子(《논어집주》 〈요왈〉 3장 1절).

4. 知止而后有定 定而后能靜 靜而后能安 安而后能慮 慮而后能得(《대학장구》 경 經 1장 2절).

5. 棘子成曰 君子質而已矣 何以文爲 子貢曰 惜乎 夫子之說君子也 …… 文猶質也 質猶文也 虎豹之鞹 猶犬羊之鞹(《논어》 〈안연〉 8장 1~3절).

6. 유·불·선과 기독교에 두루 통했던 사상가로 《주역》 건괘 3효의 '군자종일건건君 子終日乾乾' 여섯 글자를 자신의 역경으로 삼았다.

7. 苟日新 日日新又日新(《대학장구》 전 2장).

8. 有斐君子 如切如磋 如琢如磨 : 如切如磋者 道學也 如琢如磨者 自修也(《대학장 구》 전 3장 4절).

9. 새·짐승과 더불어 같은 무리가 될 수 없는 것이니, 내가 사람의 무리와 함께하 지 않는다면 누구와 함께하겠는가[鳥獸不可與同群 吾非斯人之徒與而誰與] (《논어》 〈미자微子〉 6장 4절).

10. 習坎 有孚維心 亨 行有尙(《주역》 감괘 괘사).

11. 이는 《천로역정》에서 크리스천이 죽음의 강을 건너는 최후의 도전에 성공한 후 하늘의 도시에 이르러 여행이 끝을 맺는다는 구성과 같다는 점이 흥미롭다.

12. 헨리 데이비드 소로 지음, 강승영 옮김, 《월든》, 이레, 2004, 461쪽 참조.

13. 강병국, 앞의 책, 상경, 507쪽, 부록 2 자주 쓰이는 표현 참조.

14. 誠者 天之道也 誠之者 人之道也 誠者 不勉而中 不思而得 從容中道 聖人也 誠
   之者 擇善而固執之者也 博學之 審問之 愼思之 明辨之 篤行之(《중용장구》20
   장 18절).

15. 生生之謂易(《논어》《계사상전》5장).

16. 故君子 和而不流 强哉矯 中立而不倚 强哉矯(《중용장구》10장 5절).

17. 無極而太極 太極動而生陽 動極而靜 靜而生陰 靜極復動 一動一靜 互爲其根 分
   陰分陽 兩儀立焉(《태극도설》).

18. 단옥재는《설문해자주說文解字註》에서 다음과 같이 풀이했다. "채색을 상세히
   살펴서 그 마땅함을 얻는 것을 일러 정靜이라 한다. …… 사람의 마음을 살피고
   헤아려서 마땅함을 얻는다. 한 마디의 말, 하나의 일도 반드시 이치와 의로움
   의 필연을 구한 즉 비록 극도로 번잡하고 힘든 상황일지라도 분란이 없으니 또
   한 정靜이라 한다[采色詳審得其宜 謂之靜 人心審度得宜 一言一事必求理義之
   必然 則雖絲勞之極而無紛亂 亦曰靜].

19. 대니얼 레빈슨 지음, 김애순 옮김,《남자가 겪는 인생의 사계절》, 이화여자대학
   교출판문화원, 2003, 531쪽 참조. 이 주제에 대한 카를 융의 관점이 미주 2번
   에 잘 정리되어 있다.

20. 又曰 原始反終 故知死生之說 大哉易也 斯其至矣(《태극도설》).

21. 一陰一陽之謂道(《주역》〈계사상전〉5장).

22. 子張問 十世可知也 子曰 殷 因於夏禮所損益 可知也 周 因於殷禮所損益 可知
   也 其或繼周者 雖百世 可知也(《논어》〈위정〉23장 1~2절).

23. 聖人所以知來者蓋如此, 非若後世讖緯術數之學也(《논어집주》〈위정〉23장 2절
   의 주석).

24. 진秦, 한, (삼국), 진晉, (남북조), 수, 당, (오대십국), 송, 원, 명, 청, 공화국(현대
   중국). ( )를 친 삼국시대, 남북조시대, 오대십국시대는 통일 왕조를 이루지 못
   했던 시기다.

삶이 불안할 땐
주역 공부를 시작합니다

삶이 불안할 땐
주역 공부를 시작합니다

초판 1쇄 인쇄 2024년 5월 30일
초판 1쇄 발행 2024년 6월 12일

지은이 강기진
펴낸이 최순영

출판1 본부장 박태근
지적인 독자 팀장 송두나
편집 박은경
디자인 어나더페이퍼

펴낸곳 ㈜위즈덤하우스　**출판등록** 2000년 5월 23일 제13-1071호
주소 서울특별시 마포구 양화로 19 합정오피스빌딩 17층
전화 02) 2179-5600　**홈페이지** www.wisdomhouse.co.kr

ⓒ 강기진, 2024

ISBN 979-11-7171-224-3 03100

＊이 책은 《막힘없는 삶을 위한 주역 공부》(2020)의 개정판입니다.